北京市社会科学基金项目

项目编号：19LLGLB041

项目名称：新时代城市基层治理体系建设与创新研究

新时代城市基层治理体系建设与创新

陈松川　著

中国城市出版社

从体制上看，街道、社区、单位是城市基层管理体系的基本构成。街道办事处体制是我国城市基层政权的重要组织形式，社区居民委员会自治体制是城市基层治理体制的重要环节。从制度机制上看形成了以下五种机制：党建引领机制、区—街道的任务（委托）派出机制、街道办事处指导社区居民委员会工作机制、基层矛盾化解机制、网格化治理机制。在当前的城市基层治理体系贯穿着五大基本逻辑，即党建引领思维、条块管理思维、属地管理思维、社会动员思维、精细化治理思维。

当前城市基层治理体系建设存在的问题体现在以下三个方面：一是城市基层治理体系的纵向和横向结构均存在一些障碍。在纵向结构上，街道办事处的职能定位始终未能明确，条块之间的协作联动关系仍未形成；在横向结构上，街道与社区在运行层面的权力与责任界定依然不够清晰，社会自治和政权建设的"双向建构"依然任重道远。这导致党务工作与基层治理"两张皮"、部门治理与属地管理协同性不强、数据壁垒与治理智能化要求不匹配等"碎片化问题"。二是城市基层管理体制改革仍然滞后。从体制设计上看，街道办事处权责关系不够匹配，给街道办事处的赋权还没有形成完整体系，街道赋权与基层减负对处于中间环节的街道形成了叠加效应。这使城市社区治理主体陷入角色迷失，基层社区工作行政化倾向仍然较重，社区资源配置不到位，社区治理服务能力有待提升。三是城市基层管理制度机制有待进一步完善。在党建引领机制上，基层党组织建设与社区治理之间有机融合与良性互动不足，社区党委的制度性权力十分有限、整合能力有待增强。在权责清单制度上，城市政府职能部门、街道办事处、社区机构的优势没有得到充分发挥，条块之间的协作联动、无缝对接尚需加强。在网格化管理机制上，忽视了社区本身所具有的差异性，处理问题简单化、线性化，致使功能与目标偏离了本应具有的便民服务内涵。当前城市基层治理体系创新与实践需求仍然存在一定的差距。在治理理念上，主动性、差异化、精细化意识有待加强。在治理模式上，行政化、属地化、空心化降低了"试点—扩散"和基层治理锦标赛等创新模式做法的有效性。在治理手段上，技术化、物化取向较强的"非人情化特征"与以人民为中心的理念存在较大张力。

城市基层治理体系要立足于结构、体制、机制进行"三位一体"的全方位建设。在城市基层治理体系的结构建设方面，在纵向上要明确街道的核心枢纽和社区的战略依托定位，健全垂直管理机构和地方协作配合机制；要减少街道的临时性任务，将管理职责与服务力量一起向街道下移。在横向上要落实街道和社区两级党建职责，通过完善街道与社区职责分工，优化基层政府指导下的社区自治体制，发挥社区"管理好内部机构"和"管理好外部网络"的双重作用。在城市基层治理体系体制建设方面，在街道管理体制上，要明晰街道基层治理统筹和公共服务的基本职责定位，按照综合性大部门的整合改革思路完善街道机构设置，进一步增强街道人财物资源支配的自主性。在社区体制建设方面，要从政府管理诉求与社区居民权益诉求的"连接点"出发，推动社区服务的专业化、精细化、便利化，通过市场化、社会化完善社区公共服务资源保障，完善社区工作者管理制度、加强社区工作者人才引进和培养机制。在城市基层治理体系制度机制建设上，通过推进各级政府权力清单制度和构建社区事务、服务、任务清单管理制度，推进社会矛盾综合治理机制，完善城市社区居民参与机制，建立健全基层干部容错纠错机制，不断提升城市基层治理效能。

城市基层治理体系要从治理理念、治理模式、治理手段三个层次进行整体化建设创新。在治理理念创新方面，一是拓展党建引领理念，以居民需求为导向，注重与基层公共服务相结合，实现党建工作与治理工作的高度融合。二是善用现代治理理念，既要严格规范各相关机构的治理行为，也要让有利于城市基层治理发展和建设的多方主体能够积极主动参与进来。三是强化矛盾预防理念，在城市基层治理各环节、各层次、各领域形成由点成线、由线成面的治理格局，不断提升城市基层治理体系的韧性。四是丰富技术治理理念，要认清技术治理到底是治理的技术化还是技术的治理化，推动技术治理的制度化与价值性诉求。在治理模式创新方面，一是把党的群众路线贯彻到基层工作的各个枝节之中，实现传统基层治理模式与现代基层治理模式的融合创新。二是在基层政府的指导下完善多元主体共治模式，为基层社会自治创新创造更广阔的空间，激发社会组织活力。三是把物理网格与大数据网格叠加起来，调动新兴群体组织的积极性。四是增强网格"细致入微"的服务作用，充分发挥网格化治理在精细化管理和精准化服务上的效能。在治理手段创新方面，一是从党建引领的倡导作用、整合作用、协调作用入手，推进党的基层组织设置和活动方式创新。二是在区域化、网格化党建基础上，进一步创新"互联网＋党建＋社区治理"的基层综合服务管理平台。三是从时间、空间和层级上再造城市基层治理的完整链条，实现全流程、全要素、动态治理，不断创新全周期基层治理方法。四是以网络为平台，结合青年人的专业优势并利用好其碎片化时间，创新适合本地区本区域吸引青年力量的基层治理方式。

目　　录

一、概　述

（一）问题的提出

经过 40 多年的改革开放，中国特色社会主义现代化事业进入了一个发展的新时代。党的十九大报告中明确指出："我国社会主要矛盾已经转化为人民日益增长的美好生活需要和不平衡不充分的发展之间的矛盾。"这一社会主要矛盾在城市基层治理体系中表现为，新时代各种社会背景的迭代与叠加，这使我国城市基层社会发生深刻的变化，城市的社会问题和社会矛盾不断向基层"下沉"，但是党的工作最坚实的力量支撑在基层，经济社会发展和民生最突出的矛盾和问题也在基层，因此，必须把抓基层打基础作为长远之计和固本之策，这是丝毫不能放松的。随着城市基层治理面临的形势和环境变得更为复杂，原有的基层治理理念也需要随着人民对城市高质量美好生活的向往而不断寻求转变和突破，这就"必须变革过去那种以单位为主体、以行政权力和资源垄断为依托、依靠自上而下的动员和命令来开展活动的传统基层治理方式"①。党的十八届三中全会通过的《中共中央关于全面深化改革若干重大问题的决定》指出："全面深化改革的总目标是完善和发展中国特色社会主义制度，推进国家治理体系和治理能力现代化"，《中共中央关于制定国民经济和社会发展第十四个五年规划和二〇三五年远景目标的建议》也进一步提出："提高城市治理水平"。基层治理是国家治理、地方治理的微观基础，城市基层治理也迎来重大的战略调整。《中共中央　国务院关于加强基层治理体系和治理能力现代化建设的意见》强调："基层治理是国家治理的基石，统筹推进乡镇（街道）和城乡社区治理，是实现国家治理体

---

① 陈雨田. 基层治理是国家治理的重要一环 ［N］. 南方日报，2014-04-05（02）.

系和治理能力现代化的基础工程。"①，进一步强调了到基层一线解决问题的鲜明导向。这一重要文件把握时代特征，为拓展新发展阶段我国基层治理发展新局面提出了新的明确要求，我国国家治理的侧重点也由过去的宏观治理转向微观治理。城市基层治理有着极强的问题导向性，通过加大资源投入、加强制度创新、引入新的治理技术等方式使基层治理的效能得到很大提升，但是城市基层治理的体系性仍然不强，与人民群众对更舒适的生存环境、更高质量的生活品质和更多的生活幸福感的需求存在较大的落差。那么，如何理顺城市基层治理体系建设中的内在逻辑关联？这一关联能否优化城市基层治理结构？如何利用这一机制提升城市基层治理的有效性？这些问题表明构建和创新科学、有效、可持续性的新型城市基层治理体系已经迫在眉睫、刻不容缓。

（二）基本概念

1. 基层治理

在当前的基层治理研究和实践中，较多地把基层治理与社区治理画等号，有时会涉及基层政权的街道范畴，还有的把区县也作为基层的内容。因此，有必要先给"基层治理"做一个相对严谨规范的界定。笼统地概括，基层治理就是基层公共事务的治理，"所谓基层治理能力，主要是指基层联结资源以解决公共难题，回应居民需求的能力"②。具体来看，基层首要的基本含义是一个地域空间上的体现，在此基础上延伸为一个国家治理层级上的概念。在我国行政序列划分上，基层专指城市街道、社区及乡（镇）、村、组社会单元。一般来说，基层治理是一个包含了基层政权与基层自治的有机复合体，这样基层政府治理和基层社会治理就理所当然地成为基层治理的主要内容。基层社会治理与基层政府治理既有联系也有区别，共同点都是对基层

---

① 中共中央　国务院关于加强基层治理体系和治理能力现代化建设的意见［N］. 人民日报，2021-07-12（01）.

② 苗延义. 能力取向的"行政化"：基层行政性与自治性关系再认识［J］. 社会主义研究，2020，1：85.

公共事务的治理，不同点在于治理主体和治理对象有所差异。基层社会治理的主体强调的是社会力量，基层政府治理的主体是政府。基层社会治理需要政府的支持和引导，但更多强调的是社会力量的参与，而不是政府直接治理，更不是包办代替。从治理对象看，基层政府治理主要涉及政府职能范围内的事项，而基层社会治理主要是社会领域的事务，两者有交叉但侧重点不同。①

从本质上看，基层治理是一定时期内治理主体之间形成的相对稳定的协作关系的结构，是以基层党委和政府为主导的国家政权力量和以行政区划为地理界限的社会力量之间以特定的方式，如命令、控制、协商、合作、监管，管理和调动地方资源，并形成地方公共秩序的过程②。换句话说，基层治理是由公共行动、公共资源提供和公共安排构成的制度化运作过程，有治理主体和治理策略两个基本要素，它的基本内涵是在国家基层政权的主导下，在人民团体、社会组织、市场组织等参与主体之间，通过各种治理策略（如社会动员、行政吸纳、项目发包等），建构授权或分权的协作关系，以建立基层秩序的过程。基层治理与传统的基层行政管理具有深刻的差别，它体现的是系统治理、依法治理、源头治理、综合施策。基层治理涉及治理属性、治理权力、治理内容等方面。从治理属性看，基层治理属于社会自我管理范畴，需要在现行制度和法律框架下充分发挥基层群众自治功能，政府做好引导和扶持工作。从治理权力看，基层治理既包括权力的授予、权力的运行，也包括对权力的制约和监督。从治理内容看，基层治理既包括对基层各种事务的管理，也包括大量的社会服务和公共服务，很多是政府公共服务在基层的延伸。③

新时代我国社会主要矛盾发生了变化，这一变化在基层治理中的具体落脚点和切入点，就是提升人民群众的幸福感、提高人民群众的获得感、保障人民群众的安全感，让城市生活更美好，最终体现在服务、便民上，这也是新时代基层治理的新内涵。当然，不能只看到基层民众的利益诉求，还必须从更高层次、更宏观角度看待和解决基层治理问题。基层处在国家治理体

① 龚维斌. 加强和创新基层社会治理［N］. 光明日报，2020-09-18（15）.
② 杨弘. 新时代推进中国基层治理现代化的着力点［N］. 光明日报，2018-02-08（15）.
③ 汪玉凯. 推进基层治理方式创新［N］. 人民日报，2016-09-06（14）.

系的最底层、是直接接触人民群众的国家治理层级，面临着繁重的治理工作，是国家治理任务下沉的承担者，基层治理现代化是国家治理体系现代化的重要基石，关系国家稳定大局。可以说，一个国家治理体系和治理能力现代化水平很大程度上体现在基层。基层治理这个基础牢不牢固，会产生不可思议的重大影响。党的十八大以来，中共中央先后出台一系列文件，对基层治理作出全面安排和部署，进一步明确在基层治理体系中党组织的领导核心地位。国家不断出台加强基层治理的文件和部署。2017 年 6 月中共中央、国务院印发"首个国家层面的城乡社区治理纲领性文件"——《中共中央　国务院关于加强和完善城乡社区治理的意见》。作为一项复杂的工程，基层治理问题错综复杂，各种矛盾和利益冲突叠加，需要精准识别、分类处理、创新思路，特别是要提升基层治理能力，从而为国家治理现代化建设提供经验思路。

2. 城市基层治理及城市基层治理体系

城市基层治理与乡村基层治理一道构成国家治理体系的基层板块（这里的城市指城区，与作为行政区划的市域不同）。城市基层治理是指地方政府综合运用多种政策工具干预和回应社会需求，以及由此形成的规定性制度安排，涉及社区建设、街道办改革、公共服务等具体领域。[①]中华人民共和国成立 70 多年来，我国的城市基层治理经历了持续而又深刻的变革，尽管在理念、主体及技术手段等方面有着诸多差异，但是归根结底其核心的基本问题仍是秩序问题。城市基层治理有着双重任务，一是管理，把各项大政方针落到实处，即如何形成并维持一套恰当的社会结构平衡机制；二是对公众的服务，要将二者融合，切忌偏重一方。衡量国家治理能力的一个重要指标即是城市基层政府治理质量。没有城市基层治理能力的现代化就没有国家治理能力的现代化。

基层治理体系是对基层社会实施有效治理的制度保证，它涉及基层治理组织机构、职能定位、基层社会团体之间的相互联系等诸多制度安排。经过

---

① 李娉，杨宏山. 城市基层治理改革的注意力变迁——基于 1998－2019 年北京市政府工作报告的共词分析 [J]. 城市问题，2020，3：79.

70多年的发展，无论城市还是乡村基本确立起"一核多元"的基层治理体系，即以党的领导为核心、多元主体参与的治理体系，并在实践中仍然不断得到创新和完善。当前城市基层治理体制存在着两级政府（市政府、区政府）、三级管理（市、区、街道，以街道办事处为主体）和四级网络（市、区、街道、居委会，以居民委员会为主体）。在实践中还会涉及业主委员会和物业管理公司等机构。从城市基层治理属性来看，城市基层治理体系以街道—社区为核心，包括两个核心主体，一个是基层政权单位——街道，一个是基层社会单位——社区，基层政权组织对应的是街道办事处，基层社会自治组织对应的是社区居委会。[①]街道办事处是城市基层人民政府的派出机关，代表区政府在辖区内实行社会管理，其管理手段主要是行政手段；社区居委会是居民自治组织，代表居民在社区内进行社区管理，其管理手段主要是自我管理。以街道为核心的行政管理体系和以社区为核心的自治体系，使城市基层治理体系成为政府管理诉求与社区居民权益诉求的"联结点"。社区带有行政和自治的双重职能，"基层社区的'行政性'与'自治性'，或者说'国家'与'社会'实质是基层联结能力的不同面向，都指向了基层治理能力。"[②]这既是城市基层治理在国家治理体系中的基本特征和优势所在，也是城市基层治理体系建设和创新中所面临的困境所在，如何处理好城市基层治理体系中行政管理与社会自治这一对关系的平衡，是城市基层治理现代化建设的关键所在，对于中国未来的发展，具有重大而深远的意义。

　　城市基层治理体系是国家治理在城市基层这一具体层面的制度综合，是一个组织规则系统。当前对城市基层治理体系的梳理研究更多地停留在一个点、一个层面上，还缺乏一个全面的、深入的系统分析。本研究将城市基层治理体系的构成具体划分为三个部分，即宏观视野上的城市基层治理结构、中观视野上的城市基层治理体制和微观视野上的城市基层治理机制。

（1）城市基层治理结构

　　结构是一个体系中各种主体之间的关系，城市基层治理体系中既包含国家与街道、社区的纵向行政层级关系，也包括街道与社区内部的横向治理关

---

① 张静. 中国基层社会治理为何失效？[J]. 文化纵横，2016，10.

② 苗延义. 能力取向的"行政化"：基层行政性与自治性关系再认识[J]. 社会主义研究，2020，1：86.

系。在我国城市基层治理体系中，街道办事处发挥着结合政府与社会的作用，一方面联结着政府，作为政府的"权力末梢"构成了城市基层治理的纵向行政结构；一方面又联系着基层社会，国家社会治理的"神经元"串联起城市基层治理的横向治理结构。

① 城市基层治理纵向结构

在我国现行的行政体制中，城市基层治理的纵向结构形式大致分为以下三种，前一种属于设区的城市，后两种属于不设区的城市。第一种是"两级政府、四级管理"，即市政府—区政府—街道办事处—社区，城市基层治理涉及区政府、街道办事处、居民委员会三级组织，这些城市包括4个直辖市、227个地级市（含省会城市和计划单列市）；第二种是"一级政府、三级管理"，即县（市）政府—街道办事处—社区，城市基层治理涉及街道办事处和居民委员会两级组织，这些城市主要是县级市；第三种是城镇下设居民委员会一级组织，包括县级市（特别是县改市）或县辖镇。居委会下设居民小组，中央政府对城市基层的行政管理通过市、区两级政府的权力，由街道管理居委会，再由居委会和居民小组管理到户。直辖市的区的行政级别相当于地级市，街道相当于县级市；地级市的区相当于县级市，街道相当于乡镇。街道设置在城市、县城和县级市的城区，严格来说街道层面的国家政权体系不是一级地方政府，只是区（县、市）国家政权派出的工作机构，但要承接派出政府各机构的职能，已经成为我国城市基层政权组织的重要形式，而街道办事处与社区居委会之间是指导与被指导的关系，而非行政隶属上的领导与被领导关系，这样实质上的城市治理行政体系设置止于街道层面（取消街道办事处的地区，则止于区政府层面），街道办事处在城市基层治理体系纵向结构中处于上连城市政府、下接社区居委会的核心环节。城市政府及其职能部门把自己履行的多数职责通过属地管理交给了街道办事处，使街道办事处成上级职能部门的"腿"。但需要注意的是，虽然社区组织是具有自治性质的基层社会组织，但也需要依法履行协助政府相关工作的职责[①]，也就是说社区本身就带有与生俱来的行政和自治双重职能，这两个方面才能体现

[①]《中华人民共和国城市居民委员会组织法（2018年12月29日修正）》第三条"居民委员会的任务"中规定："协助人民政府或者它的派出机关做好与居民利益有关的公共卫生、计划生育、优抚救济、青少年教育等项工作"。

社区基层治理能力的全面内容，因此社区也就成为城市基层治理纵向结构构成的最后一个环节。居委会下设居民小组，根据居住房屋不同，分别设小组长（一般是住平房，没有大院）、院长（一般是住一个大院里的平房）、楼门长（住在楼房里）。平房 20～40 户为一个小组，楼房则是以一个门或一个单元为一个小组，15～60 户之间。

②城市基层治理横向结构

城市基层治理横向结构指街道这个城市基层治理基本单元内部的治理结构，主要包涵两方面的内容，既包括街道办事处和社区居委会各自内部的结构，又包括街道办事处和社区居委会之间的结构。在城市中，街道治理是进行基层治理的基本形式，经过近 70 年的发展演变，街道已经从改革开放之前的城市基层治理中"拾遗补阙"的辅助角色转变为当前城市基层治理的基本形式，街道的政权体系也越来越类似于一级地方政府的架构。作为区（县、市）国家政权派出的工作机构，街道办事处的国家政权体系主要由区（县、市）党委街道工作委员会、区（县、市）政府街道办事处、街道武装部和区（县、市）政府职能部门派出机构（如派出所、工商所、司法所、财税所）等构成，街道办事处在机构设置上，并不严格与其母体对应，但要承接派出政府各机构的职能。2000 年后还陆续在街道设立了区（县、市）人大常委会工作委员会，有的地方还在街道设立了区（县、市）政协工作委员会。社区层次的性质相对比较复杂，"社区及其居委会相对政府来讲是一个非政府组织，相对企业来讲是一个非营利组织，它在公共服务和公共管理中扮演着十分重要的角色"[①]。居委会由主任、副主任和委员等 4～9 人组成。但在实际上，中华人民共和国成立以来的大多数时间内，各城市居委会都是由街道办领导和管理的，属于政府领导下的非政府组织（图 1）。

（2）城市基层治理体制

街道、社区、单位是我国城市基层管理体系不同时期的基本结构构成。城市基层治理体制最初表现为中华人民共和国成立初期由彭真倡议形成的以基层地域管理为主、通过街道办与居委会将城市基层民众有效组织的管理体

---

① 童星，赵夕荣."社区"及其相关概念辨析［J］.南京大学学报（哲学人文科学社会科学），
　2006，2：67-74.

表大会常务委员会第九次会议决定，将 1954 年 12 月 31 日全国人大常委会通过的《城市街道办事处组织条例》废止[①]。目前没有新的法规出台。2020 年 1 月实施的通过的《北京市街道办事处条例》规定了街道办事处职能定位与机构设置，明确街道办事处是区人民政府的派出机关，依法履行辖区公共服务、城市管理、社会治理等综合管理职能，统筹协调辖区地区性、社会性、群众性工作。

② 城市社区管理体制

社区作为党和政府联系群众、服务群众的"最后一公里"，城市社区组织建设是城市社区管理体制改革的关键环节，也是城市社区管理体制创新的根本所在。社区实行居委会制度，居委会制度建立的最初目的是实现社会的组织化。1954 年颁布的《城市居民委员会组织条例》第一条规定，"为了加强城市中街道居民的组织和工作，增进居民的公共福利，在市辖区、不设区的市的人民委员会或者它的派出机关指导下，可以按照居住地区成立居民委员会。居民委员会是群众自治性的居民组织。"第二条规定，"居民委员会的任务如下：（一）办理有关居民的公共福利事项；（二）向当地人民委员会或者它的派出机关反映居民的意见和要求；（三）动员居民响应政府号召并遵守法律；（四）领导群众性的治安保卫工作；（五）调解居民间的纠纷。"在计划经济年代，由于单位制的存在，社区在基层治理中发挥的作用比较有限[②]。1989 年通过的《居民委员会组织法》取代了 1954 年的《城市居民委员会组织条例》，该法进一步明确了城市社区居委会与农村村委会一样属于我国居（村）民的群众自治组织，实行自我管理、自我监督、自我服务，理顺了群众组织与行政职能之间的界限和自治权。对居民委员会和工作人员的工资和生活补贴有明文规定，确保居民委员会在硬件设置有良好的匹配。全国各地城市广泛开展社区服务活动，建立了社区协调领导机构，形成了一套责任明确、运行有序的管理体系，先后探索出以"沈阳模式"为代表的社区自治型模式、

---

① 废止理由是："50 多年来，城市街道办事处的设置、人员构成和职能权限发生了很大变化，该条例的规定明显不适应当前经济社会发展的需要。现实生活中，该条例早已不适用，废止该条例后，街道办事处的设置和工作可以适用地方组织法的规定。同时，作为基层政府的派出机构，其设置、组织和工作职责可以通过行政法规、地方性法规作出规定。"

② Zhengxu Wang, Jianxiong Liu and Dragan. Democratic Localism: The Case of Grassroots Self-Governance in Urban China [J]. Chinese Political Science Review，2018，3(2)：129–153.

以"上海模式"为代表的政府主导型模式和以"江汉模式"为代表的合作型模式，到 1993 年底，全国大约有 80% 以上的城市街道开展了社区服务工作。依照法律规定，"居民委员会是居民自我管理、自我教育、自我服务的基层群众性自治组织"，主要工作是组织群众自治、整合社会资源，引导动员各类各级主体参与社区建设工作。但不能因此就简单地把社区自治理解为社区居民通过自主开展集体行动表达居民权利的制度安排与过程，因为"群众性自治组织"存在一个政治前提——坚持党的领导，即社区居委会是党委领导下的群众自治性组织，社区自治并非纯粹自治，而是有国家权力深入介入的自治，实质上是一种有限度的自治。[①]同时，随着管理体制的进一步发展，社区组织中出现了三类组织：第一类是社区居委会，社区居委会在法律上是基层居民自治的组织；第二类是社区工作站，近年来，为了适应基层政府职能的履行，在社区中成立了社区工作站作为履行政府职能的准行政组织；第三类是社区内的官方机构，除了社区居委会与社区工作站这两个常规组织外，一些社区还会在社区内设置一些官方机构，以适应在地性的发展需要，如"民意表达工作室"等。

（3）城市基层治理机制

① 党建引领机制

党建引领机制是中国共产党把"支部建在连上"的传统党建原则在新时代的进一步延伸，通过以党的建设统领社会整合，把党的领导和中国特色社会主义制度的政治优势转化为城市基层治理强大效能的有效形式。中西方城市基层治理的一个关键性政治制度差异，是如何理解党的领导与城市基层治理的关系这个关键命题。[②]党领导基层治理，既是我国社会治理的制度要求也是制度优势。毛泽东指出："在我党的一切实际工作中，凡属正确的领导，必须是从群众中来，到群众中去……我们共产党人区别于其他任何政党的又一个显著的标志，就是和最广大的人民群众取得最密切的联系。"[③]

---

① 苗延义. 能力取向的"行政化"：基层行政性与自治性关系再认识［J］. 社会主义研究，2020，1：89.

② 范逢春，谭淋丹. 城市基层治理 70 年：从组织化、失组织化到再组织化［J］. 上海行政学院学报，2019，5：21.

③ 毛泽东选集（第 3 卷）［M］. 北京：人民出版社，1991：899、1094.

《中共中央关于坚持和完善中国特色社会主义制度 推进国家治理体系和治理能力现代化若干重大问题的决定》强调："坚持立党为公、执政为民，保持党同人民群众的血肉联系，把尊重民意、汇集民智、凝聚民力，改善民生贯穿党治国理政全部工作之中，巩固党执政的阶级基础，厚植党执政的群众基础，通过完善制度保证人民在国家治理中的主体地位，着力防范脱离群众的危险"。① 党建引领下的街道工作体制，提出街道办事处在街道党工委领导下，执行党的路线方针政策，构建党委领导、政府负责、多元共治、简约高效的基层公共服务、城市管理和社会治理体制。改革开放以来形成的四种城市基层党建工作机制：服务型党组织建设、区域化党建、网格党建和枢纽型党建②，它们分别体现了中国共产党改革开放以来在社会功能、引领治理、责任建设和组织转型方面的探索，③ 这四种党建机制与单位型党建一起，共同构成了城市基层党建工作的核心机制。④ 改革开放以来，基层党组织存在不同程度的"虚化、弱化、边缘化"问题，2004 年发布的《中共中央组织部关于进一步加强和改进街道社区党的建设工作的意见》，标志着社区党建全面展开。2017 年党的十九大又进一步提出了"推进党的基层组织设置和活动方式创新"，2019 年 5 月，中共中央办公厅印发的《关于加强和改进城市基层党的建设工作的意见》，明确提出，充分发挥街道社区党组织领导作用，有机联结单位、行业及各领域党组织构建区域统筹、条块协同、上下联动、共建共享的城市基层党建工作新格局。基层党建成为破解社区治理难题的重要抓手，形成了社区党组织领导、居委会牵头、业主委员会和物业服务企业参与协调的社区治理结构，进一步完善了社区组织体系。总体来说，党建引领创新主要体现为两个层面：一是强化社区党组织对党员的"属地管理"，打破以"条条"为主的传统"组织内党建"，实行党员向工作单位党组织和社区党组织"双报到"的制度；二是强调党组织在社区服务中的主体地位，社区党组织被推到社区服务的"前台"。一些地方借助"区域化党建"平台，还开创了"吹哨报到"等机制，提高了街道和社区回应、服务群众的能力。

②区—街道的任务（委托）派出机制

从城市基层治理的相关法律规定来看，街道办事处是市辖区、不设区的市人民政府的派出机关，城市政府及其职能部门把自己履行的相关职责按照属地管理原则交给了街道办事处。这样，区政府及其相关职能部门与街道办事处之间的任务派出机制，也承担着连接国家和社会实现上下"通达"转换机制的作用。但是，在现实运作中，区政府及相关职能部门的下派管理职责更多地以"政治任务"的名义下达，上级职能部门经常把不想做、容易被问责的事项以责任书的形式交给街道办事处执行，本应该是临时性任务却变成了常规的职责，街道办事处也突破了派出机构的定位，成为事实上的一级政府。街道办事处变成了上级职能部门的"腿"，区与街道之间的关系也变成了监督、考核与被监督、被考核的关系。因此，要从政府内部管理体制的角度出发，重新理顺街道办事处作为行政组织或政府权力末梢与市、区政府及其职能部门间的关系。当然，理顺街道办事处与区政府及其职能部门之间的关系，不仅是简单把本属于自己的事情交给街道办事处这样的"赋权"，应当是有选择性的，在减少街道临时性任务的基础上，尽量将与街道的工作重点密切相关、侧重一线执法的机构（如房屋管理、绿化市容、市场监管等）赋权给街道。同时，还要解决街道办事处资源、人手、技术等方面的限制，实现职能部门和街道的分工协作，而不是单纯的上下级之间的监督与执行。

③街道办事处指导社区居委会工作机制

这是微观层面社区工作的具体运行机制。从城市基层治理的相关法律规定来看，街道办事处是市辖区、不设区的市人民政府的派出机关，社区居民委员会是基层群众性自治组织，两者之间的关系在法律定位上是相对独立、对等的指导和协助关系，而不是行政层级隶属的上下级关系。但是，从城市基层治理实践来看，由于现有的行政体系设置止于街道层面（取消街道办事处的地区，则止于区政府层面），基层政府及相关职能部门行使职能的最终落脚点是一个个具体的居民，这些职能需要直接性的实施载体，促使其不得不将社区及其居委会作为自己落实工作的"腿"，社区居委会实际上成为政府治理的基层单位和街道办的下属机构，形成了"上面千条线，下面一根针"的社区居委会行政化现象。在实践中，街道办事处与社区居委会之间这种法律上的指导与被指导关系已经事实上演化为领导与被领导关系了。街道办和社区之间的关系被认为是当前城市基层治理体系建设的症结所在。因此需要从社区建设的角度入手，重新理顺街道办事处作为社区组织或神经末梢与居民委员会等社区组织之间的关系。需要注意的是，理顺二者之间的关系不是简单地"去行政化"就可以办到的，而在于如何在具体的社区工作中实现行政性与自治性的有效对接。通过在社区层面具体执行行政和自治的双重职能活动中，一方面将政府资源下沉到社区，另一方面组织动员居民参与相关活动，从而提升服务居民水平和居民自治能力。

④ 基层矛盾化解机制

《中共中央 国务院关于加强基层治理体系和治理能力现代化建设的意见》指出，"健全乡镇（街道）矛盾纠纷一站式、多元化解决机制和心理疏导服务机制"。[①] 当前我国社会正处于发展的转型期，社会变革加剧、社会结构调整不仅导致基层矛盾频发，而且社会矛盾从起因到类型都越来越多元化，直接表现为城市基层社会矛盾的多样性、复杂性，基层社会矛盾化解缺乏协调基础、民众对基层政府公信力质疑以及基层政府工作人员能力不足等困境，进一步加剧了探求新的社会矛盾化解机制的迫切性。作为社会矛盾在微观层面的表现，基层化解人民内部矛盾是一条便捷、有效的途径，具有关键性意义。基层作为社会和谐稳定的基础，需要通过完善社会矛盾纠纷多元预防调处化解综合机制，把党员、干部下访和群众上访结合起来，把群众矛盾纠纷调处化解工作规范起来，让老百姓的困难和难题能有地方"找个说法"，从而把矛盾解决在萌芽状态、化解在基层。根据各地方经验总结成果我国主要有以下几种机制：浙江的"枫桥经验"、四川的"北川模式"、贵州的"钟山

---

① 中共中央 国务院关于加强基层治理体系和治理能力现代化建设的意见 [M]. 北京：人民出版社，2021.

模式"等。20 世纪 60 年代初，浙江诸暨枫桥创造的"枫桥经验"在预防化解矛盾纠纷方面效果突出，提出了"矛盾不上交，就地解决。实现捕人少，治安好"的工作原则理念。从传统矛盾化解机制运行效果来看，在新的形势下亟需一个更迭、调适和创新的过程。"枫桥经验"经过 60 年发展与完善，进一步形成了"党政动手，各负其责，依靠群众，化解矛盾，维护稳定，促进发展"的具有时代特色的新内涵[①]。新时代"枫桥经验"是化解矛盾、解决纠纷、维护社会和谐稳定的重要法宝，它突出了矛盾化解的中心是人民调解，由人民群众担任调解的主体和支柱，力图抓"早"抓"小"，实现矛盾分级调处。不仅如此，"枫桥经验"还在新时代发展出了更加丰富的内涵：从过去单纯的化解矛盾纠纷、维护治安稳定，如今拓展到防范化解经济、政治、文化、社会、生态等各领域安全风险，成为创新基层社会治理、促进社会平安和谐的重要法宝。[②]杭州市还针对基层矛盾的有效化解逐步探索建立了"大调解"机制，其融合社会调解、行政调解、司法调解三方面效能的发挥，在社会矛盾化解中取得了良好绩效。

⑤ 网格化治理机制

2004 年北京东城区首创"万米单元网格"城市管理模式，2013 年《中共中央关于全面深化改革若干重大问题的决定》中提出"以网格化管理、社会化服务为方向，健全基层综合服务管理平台"，历经 10 多年的实践探索，逐渐发展成为一种具有中国特色的城市基层治理的重大实践创新，已经在全国各地大规模推广开来。所谓"网格化管理"，是将城市管理区域以街道、社区为基础，按照属地原则，依据一定的地域面积或人口户数，逐级划分为三级网格单元，任用公职人员以各级网格长身份下沉到基层，并同时下放城市管理权限，在每一网格实施基层各具体领域的动态、全方位、精细化末端治理。网格化治理本质上是政府行政力量在基层管理与服务职能的延伸，将政府"自上而下"管理诉求和社区"自下而上"权益诉求融合在一起，发挥着资源、管理和服务向基层下沉载体的重要作用。网格化是一种治理规模的细

---

① 杨燮蛟. 转型期社会矛盾纠纷多元化解决机制研究——以浙江"枫桥经验"为视点［J］. 西南农业大学学报（社会科学版），2010，5.

② "枫桥经验"为何历久弥新［N］. 人民日报，2018–11–12（01）.

化，也是城市微观治理的体现。[①]按照"街巷定界、规模适度、无缝覆盖"的原则，网格化管理将行政辖区划分为若干单元网格进行"小区域治理"，涉及居委会、业委会、物业公司、消防、工商、公安等多个部门和机构，作为传统社区管理的有效补充，可以更为精准地把控和防范各类社会风险，填补了城市基层社会治理中存在的漏洞和短板。同时，网格化治理本质上还是一种信息化、数字化的管理模式。通过对汲取的社会信息进行分类、编码并储存入地理空间数据库，经过"信息收集—研判分类—调度处置—结果反馈—评价结案"或"信息收集—立案受理—任务派遣—问题处理—结果反馈—核查结单"的闭环工作流程进行处理，数量庞大、内容复杂的治理事件被简化为抽象的代码和符号提高了城市基层治理的精确度和高效性，构成了城市基层治理体制的又一个改革和创新。

3. 城市基层治理体系创新

当前中国城市正经历着城市化、全球化、信息化、工业化、市场化一体并进的变革过程，城市社会呈现出前现代、现代、后现代叠加交织的复杂状态，这对城市基层治理提出了更多挑战与更高要求。同时，社会主义市场经济的逐步建设和完善，推动了社会分工和利益群体多元化，促使单位的衰落和社区的形成，这些新变化要求不断对城市基层治理模式进行创新，特别是坚持实践第一的观点，不断推进实践基础上的理论创新。基于推进国家治理体系和治理能力现代化建设的需要，党的十八届三中全会首次提出创新社会治理体制，而体制创新，核心是人，只有人与人和谐相处，社会才会安定有序。

城市基层治理体系创新是一个包括理念、主体、组织、制度、资源在内的重建和调整过程，在此过程中实现国家、市场、社会等多种治理力量的分工合作，共同应对社会问题。[②]城市基层体系创新包括制度发展和技术创新两个方面。制度层面需要从政府内部管理体制和社区建设入手，既要理顺街道办事处作为行政组织或政府权力末梢与市、区政府及其职能部门间的关系，

---

① 柳建文. 基层治理网格化的创新完善与未来走向［J］. 国家治理，2020，29：17.
② 陈伟东，吴恒同. 提高效能和扩大参与：城市基层治理体系创新的两个目标［J］.社会主义研究，
　2015，2：107.

又要理顺街道办事处作为社区组织或神经末梢与居民委员会等社区组织的关系。从城市基层治理的"历时性"变迁上看，中华人民共和国成立以来我国城市基层治理制度发展经历了一个从城市管制时期的"组织化"、城市经营时期的"失组织化"到城市治理时期的"再组织化"的演变过程，这一过程同样是城市基层治理工具的创新过程，甚至出现了基层治理创新的"锦标赛"，一般采取"试点——推广"的创新模式。1995 年，上海市选择 10 个街道进行综合改革试点，着力理顺市与区、区与街道的管理职能，出台了《上海街道办事处条例》推动社区建设和管理体制的建立和完善，探索出了新型体制"两级政府、三级管理、四级落实"治理模式，这一做法和经验在全国产生较大影响。在社区层面，1999 年沈阳市委、市政府印发了《关于加强社区建设的意见》，明确提出普遍建立基层社区组织机构，对社区进行了重新定位，在"社区自治、议行分离"的原则指导下建立了新型社区组织体系，强化了社区职能，形成了以社区居民自治为特色的"沈阳模式"，展示了城市基层社会管理的新思路。目前社区治理创新的主要模式是全国社区治理和服务创新实验区。这是中央政府发动、地方政府实施的社会创新行动，旨在寻找更好的途径解决社区问题。[①]北京最新创新的"吹哨报到"机制聚焦于一线公共问题，以通过自下而上地发现与界定问题来启动治理流程，建立了党建引领、向街乡镇行政授权、驱动"中间管理层"、协同条线与属地关系、基于清单制划分权责和实施综合执法的基层治理方法。[②]另外，"技术治理"既是当前城市基层社会治理的基本特征和主要趋势，也是中国特色社会主义社会治理的一种实践创新。无论是在社会精细化治理、社区网格化治理、大数据治理等城市基层社会治理理念中，还是在项目制、运动式治理和行政发包制等城市基层社会治理机制中，抑或是在城市社区治理、城市流动人口管理等城市基层社会治理实践中，"技术治理"都发挥着总体性作用。"技术治理"勾勒了当前基层社会治理转型的总体轮廓，反映了基层社会治理运行机

① 孔娜娜. "新治理"：新时代城市社区治理的趋势与挑战——以 2011—2018 年全国社区治理与服务创新实验区为分析对象［J］. 社会主义研究，2019，4：122.

② 孙柏瑛，张继颖. 解决问题驱动的基层政府治理改革逻辑——北京市"吹哨报到"机制观察［J］. 中国行政管理，2019，4：72–78.

制的深层特征。①

（三）国内外同类问题研究现状

1. 国外学术史及研究动态

（1）国外学术史

从研究范围及层次上看，西方学者们眼中的"社区治理"与中国的"城市基层治理"比较接近，但是二者在内涵与外延上既有一定的类似之处，又有较大的区别。在西方城市社区治理研究中，从 19 世纪后期以来逐渐形成了以社区自治为主流的传统城市基层治理思想和以治理主体多元化为主流的现代城市基层治理思想，二者结合在一起形成西方学术界理解城市基层治理的框架范式。总的来看，国外对于中国治理问题的研究较多地集中于较为宏观的国家治理层次，对于微观层次的基层治理关注较少，而且基层治理研究也以乡村基层治理为主。

国外对于中国城市基层治理领域的研究大致可以分为三个阶段。第一个阶段截至 1990 年之前。这一个阶段对于城市基层治理研究得较少，仅有的一些研究主要局限于单位社会相关的内容。第二个阶段从 1990 年到 2012 年。这一阶段由于中国开始推行市场经济，大部分西方研究者将研究焦点集中于中国的公民社会发育、新阶层和新团体的出现、非政府组织的发展等新生社会力量成长上，进入 21 世纪以来，重新开始从城市社区层面关注中国基层治理研究。James Derleth 等（2004）认为，整体上看中国城市社区建设具有很强的政府主导特征；Chunrong Liu（2006）指出，社区开始成为国家构建基层政权的主要空间。更为重要的是，进入 21 世纪以来西方学者开始关注中国共产党在城市社区中的调适策略、党与社区社会组织的关系等问题的研究。小岛华津子和国分良成（2004）根据中国不同社区的党建案例将中共在社区的调适策略归纳为如下几个方面：扩大党组织的覆盖面，提高基层党务工作者

---

① 张福磊，曹现强. 城市基层社会"技术治理"的运作逻辑及其限度［J］. 世界社会主义，2019，3：87-88.

在社会功能、引领治理、责任建设和组织转型方面的探索，这四种党建机制与单位型党建一起，共同构成了城市基层党建工作的核心机制。①叶本乾等（2018）指出"在社区治理过程中，党建创新引领要真正'下沉'到基层，组织体系实现'纵向到底、横向到边'，就是要实现党建逻辑与社区治理逻辑的契合和耦合。归根到底，党建引领必须基于社区治理而运行，而不能凌驾于社区治理之上"。②从城市基层治理体系创新的相关内容来看：陈伟东等（2015）认为，提高效能和扩大参与是城市基层治理体系创新的两个目标。③范逢春等（2019）认为，城市基层治理工具创新经历了一个从组织化、失组织化到再组织化的演变过程。④李晓燕（2020）认为当前基层政府创新存在锦标赛的现象。⑤徐选国等（2018）认为，"基层治理的社会化"逻辑成为网格化管理在基层治理实践中的核心机制，重构着国家与基层社会之间的互动关系。⑥张福磊等（2019）认为，"技术治理"勾勒了当前基层社会治理转型的总体轮廓，反映了基层社会治理运行机制的深层特征，已成为推动城市基层社会建设的根本机制和创新基层社会治理的深层实践逻辑。⑦孔娜娜（2019）认为，目前社区治理创新的主要模式是全国社区治理和服务创新实验区。这是中央政府发动、地方政府实施的社会创新行动，旨在寻找更好的途径来解决社区问题。⑧刘凤等（2019）认为，城市基层治理效能提升则集中表现在民

---

① 李威利. 从基层重塑政党：改革开放以来城市基层党建形态的发展 [J]. 社会主义研究，2019，5：134.

② 叶本乾，万芹. 新时代党建引领城市社区治理的逻辑契合和路径选择 [J]. 党政研究，2018：42.

③ 陈伟东，吴恒同. 提高效能和扩大参与：城市基层治理体系创新的两个目标 [J]. 社会主义研究，2015，2.

④ 范逢春，谭淋丹. 城市基层治理70年：从组织化、失组织化到再组织化 [J]. 上海行政学院学报，2019，5：14-23.

⑤ 李晓燕. 多层治理视角下的基层治理创新锦标赛 [J]. 华南理工大学学报（社会科学版），2020，5：124-132.

⑥ 徐选国，吴柏钧. 城市基层治理的社会化机制——以深圳市Z街"网格化管理社会化服务"项目为例 [J]. 浙江工商大学学报，2018，2.

⑦ 张福磊，曹现强. 城市基层社会"技术治理"的运作逻辑及其限度 [J]. 世界社会主义，2019，3：87-88.

⑧ 孔娜娜. "新治理"：新时代城市社区治理的趋势与挑战——以2011—2018年全国社区治理与服务创新实验区为分析对象 [J]. 社会主义研究，2019，4：122.

主决策公共事务、有效提供公共服务、及时化解社会矛盾、充分激发社会活力四个层面。[①]孙柏瑛等（2019）将"吹哨报到"机制看作是解决问题驱动的基层治理方式改革过程，它以公共问题制导，以解决公共问题过程来构建基层治理的组织形式，促动治理方式变革。[②]

总之，通过分析发现国内城市基层治理研究规模大、发展快，但在理论视角、研究对象、研究方法等方面还存在明显不足：

首先，从视角上看，缺乏清晰的"体系"框架，不能回应当前城市基层治理现代化发展的理论需求。一方面，西方国家的基层社会自治传统较强、政府影响较弱，与中国政府主导的基层社会完全不同，因此西方研究视角无法反映中国城市基层治理的内在逻辑；另一方面，国内对街道、社区、党建等城市基层治理领域的研究呈碎片化，没有形成综合性的整体视角，导致回应城市基层治理现代化的理论需求不足。

其次，从对象上看，较多侧重于社区和党建研究，对城市基层治理结构的多重性重视程度不够。当前西方对中国基层治理的研究更多聚焦于社区及社区党建的发展，国内的城市基层治理研究较多地落入西方的国家、市场、社会三分逻辑，也较多地着眼于社区及社区党建，对街道的重视程度不够，特别是对街道、社区及基层党建三者之间关系没有提升到应有的高度，无法体现城市基层治理体系内部的差异性，无法反映新时代城市基层治理的客观现实。

最后，从方法上看，方法种类比较单一，无法适应问题的复杂性和情境的多样性。国内城市基层治理研究基本引用西方某理论模型进行案例分析，缺乏比较分析，侧重于基础性研究，不够系统深入，无法体现城市基层治理结构问题的复杂性和多样性。

3. 本研究的学术价值与应用价值

本课题的学术价值有两方面：① 从学理上深入探究我国城市基层治理体

---

① 刘凤，傅利平，孙兆辉. 重心下移如何提升治理效能——基于城市基层治理结构调试的多案例研究［J］. 公共管理学报，2019，4：24.

② 孙柏瑛，张继颖. 解决问题驱动的基层政府治理改革逻辑——北京市"吹哨报到"机制观察［J］. 中国行政管理，2019，4：72-78.

系，对城市基层治理理论形成较好理论补充；② 将组织再造视角引入城市基层治理研究中，从纵向的央地关系和横向的基层内部关系两个视角，为我国城市基层治理现代化面临的困局及其化解找到更具科学性、解释力的理论依据。

本课题全方位探讨城市基层治理体系优化机制、创新路径和实现措施，其应用价值主要体现在两方面：① 提出城市基层治理体系框架具有现实基础和需求。一方面突出了中国城市基层治理建设党委领导、政府负责的国情特征，另一方面从城市基层治理体系结构再造的角度回应了新时代国家治理体系和治理能力现代化的重大关切；② 提出基于组织再造模式的制度建设与创新措施具有较强针对性和可操作性。以常态的建设与突破性的创新为主线再造城市基层治理体系，具有很强的问题导向，可以从基层党组织、科层组织和社会组织三个层次为破解城市基层治理体系面临的困境提供可操作性很强的方案。

（四）研究计划执行情况及主要成果

阶段成果：2020 年 9 月 11 日《经济日报》理论版发表文章"切实提升城市基层治理体系效能"。

城市基层治理是实现国家治理现代化的基础工程。当前和今后一个时期，我国发展面临的风险挑战前所未有，需要优先稳就业保民生，在稳定经济运行的同时，也要做好保市基层运转的工作，这就需要进一步提升城市基层治理体系的效能，更好地保持经济持续健康发展和社会大局稳定。

坚持以人民为中心，使人民群众成为提升城市基层治理体系效能的动力源泉。人民城市人民建，人民城市为人民，城市与人的紧密联系是天然存在的。我们推动城市基层治理必须坚持以人民为中心的发展思想，把人民对美好生活的向往摆在城市建设和治理的重要位置，更好满足城市基层社会的公共需求，并将以人民为中心的发展思想落实到城市基层治理的各领域各环节中。同时也要看到，有效提升城市基层治理效能，还需紧紧依靠人民、不断造福人民、牢牢植根人民，充分发挥最广大人民的积极性、主动性、创造性，持续推动城市治理体系和城乡基层治理体系日益完善。

尊重城市发展规律，找准提升城市基层治理体系效能的切入点。我们党在认识问题和解决问题时，一贯强调要深刻认识并尊重事物自身的发展规律，这也是我们着力提升城市基层治理体系效能进程中必须遵循的重要原则。一方面，要尊重城市基层治理发展的规律，充分认识到城市基层治理更多体现的是城市治理中的小问题、小细节，通过不断鼓励群众参与、"切口小"的"微创新"，完善城市基层"微治理"闭环，逐步实现城市基层治理体系效能的提升。另一方面，要不断深化对城市基层治理规律的认识，通过科学预判发展趋势，有效降低不确定性、提高灵活性，更好地实现源头治理，将城市基层治理问题化解在基层，以最经济、最有效的预防措施提升城市基层治理体系效能。

加强党建引领，夯实城市基层治理体系效能的组织优势。坚持党建引领是我国城市基层治理体系的独特优势，是城市基层治理中行动力、执行力和动员力的依托所在。要不断完善党建引领城市基层治理的相关机制，把党和政府对城市基层治理的政策和要求落实落细，使基层党建贯穿城市基层治理的全周期，使党建引领更加有力有效推动城市基层治理体系建设。具体来看，要主动谋划党建引领城市基层治理，将党建引领与问题导向、目标导向有机结合起来，将更好完成中心任务与有效解决现实难题有机结合起来，增强城市居民的归属感和责任感，提升城市基层治理的适应性。

增强制度供给，强化城市基层治理体系效能的制度保障。当前，制约城市基层治理效能有效提升的一个重要因素，就是相关体制机制改革尚未到位，有效的制度供给还需加强。一方面，要加强制度设计，合理厘清权责边界，理顺条块关系，深化街乡镇管理体制改革，推动治理重心向基层下移，建立健全责任清单，以群众需求倒逼政务流程再造。另一方面，要坚决杜绝形形色色的形式主义，充分发挥基层的积极性、主动性和创造性，对行之有效的好经验、好做法加以提炼，上升为可复制可推广的相关制度，不断丰富城市基层治理的方式方法，进而推动城市治理体系和城乡基层治理体系的建设和完善。

加快技术创新和理念更新，持续推动城市基层治理现代化。当前，我国智慧城市建设已经取得了一系列成果。在此基础上，需要进一步推进城市基层治理智慧化，特别是要着力强化街乡镇智慧化平台建设，在实践中不断推动技术创新和理念更新，积极破解城市基层治理的堵点和难点，有效弥补基层治理资源不足等问题。可通过引入大数据技术对基层问题进行实时梳理总结，增强相关工作的预见性，推动服务前置，实现城市基层治理的精准化。同时，城市基层治理的智慧化不是简单的治理技术化，技术的升级、数据的汇聚、流程的优化都要把人的需求放在第一位，要把技术创新和理念更新融入推动城市治理现代化的进程之中，不断拓展提升城市基层治理效能的空间。

二、中国城市基层治理体系的发展与挑战

（一）城市基层治理体系发展的历程

总的来看，受国家治理体系变革与技术革命变革两大因素的影响，中华人民共和国成立以来的城市基层治理体系以两个关键的时间节点为标志可以分为三个阶段，一是1949年～1990年的"单位—街居制"阶段；二是1991年～2012年，民政部正式提出"社区建设"的概念标志着城市基层社会向"社区制"转型；三是2013年至今，党的十八届三中全会正式提出社会治理理念，开始向全面深化改革推进国家治理体系和治理能力现代化中的城市基层治理体系转变。

1. 中华人民共和国成立至改革开放前基本形成了高度组织化的"单位—街居制"城市基层治理体系

在中华人民共和国成立后，城市基层政权的建制在基本延续解放区管理制度思想的基础上，通过基层政权建设和民主运动，初步确立了城市基层治理体系。针对中国以小农为主的社会比较松散的国情，毛泽东认识到："克服这种状况的唯一办法，就是逐渐地集体化"[1]。"组织起来"成为新民主主义革命胜利的一个重要思想基础，并被毛泽东运用到城市基层治理中。毛泽东在1949年强调："我们应当进一步组织起来，我们应当将全国绝大多数人组织在政治、军事、经济、文化及其他各种组织里，克服旧中国散漫无组织的状态。"中国共产党接管城市后废除了原来的保甲制，在经过前期探索的基础上，1953年6月彭真根据毛泽东"还是把市民组织起来好"的指示精神，提出了《关于城市街道办事处、居民委员会组织和经费问题的报告》，提

---

① 毛泽东选集（第3卷）[M].北京：人民出版社，1991：931.

出："为了把很多不属于工厂、企业、机关、学校的无组织的街道居民组织起来……还需要设立城市或区政府的派出机关——街道办事处"①，将街道定位为政府派出机关，将居民委员会定位为群众自治组织。对街道办事处和居民委员会的作用、地位和性质作出了原则性的规定，也为以后长达几十年的"单位制"管理在职职工、"街居制（街道办事处和居民委员会）"管理"无组织的街道居民"这一双重社会管理和控制体制的建立和发展奠定了基础。1954年《城市街道办事处组织条例》和《城市居民委员会组织条例》的颁布，基本确立了我国"街居制"城市基层管理体制。同时，由于中国的城市转变为以工业化生产为中心，在经济领域实行高度集中的计划经济体制，全国范围内城市中绝大部分人都被纳入"单位"中，单位成为计划经济体制下我国城市基层社会最基本的组织形式。"单位制"作为城市的一种制度安排，是对革命时期供给制的继承，以工作单位为核心，政府通过各种各样的单位履行资源配置、展开社会动员，为城市居民提供工作、支付报酬，提供住房、医疗、教育等基本生活服务，从某种程度上来说，单位取代基层政府和基层居民自治组织，管理居民的生老病死婚丧嫁娶一切事务。这样，单位和居民委员会成为这一时期城市基层治理的基本组织，国家通过单位这一组织形式管理职工，通过街居体系管理社会闲散人员、民政救济和社会优抚对象等，形成了以"单位制"为主，以街道办事处、居民委员会为辅的"单位—街居制"管理体制，以强化对社会秩序的管理，提高效率维护稳定进而促进经济的发展，具有高度的组织性和秩序性。这一时期还有一个特点，一方面是通过党组织的下沉加强了党对街道的领导，成立了街道党委；另一方面是街道和社区的"行政化"，街道逐渐承担起所辖街区发展集体经济和文教事业的重要功能，实质上已从区政府派出机关转变为基层政府机构，而居民委员会的管理事项也逐步增多，呈现出行政化的趋势，逐渐成为街道办事处的"派出机构"。

---

① 李秀琴，王今华. 当代中国基层政权建设［M］，北京：中国社会出版社，1995：242.

2. 改革开放至党的十七大行政化的"街道—居委会"城市基层治理体系基本确定

改革开放后，城市基层治理与市场经济的发展有着相当的同步性。虽然以单位制为主和街居制为辅的城市基层治理体制一直延续到 20 世纪 90 年代初，但伴随经济体制改革和城市化进程的发展，特别是"单位制"逐渐解体，导致社会事务大量涌现并逐渐回归社会，越来越多的原来由单位承担的社会职能分化出来，转移给了街道办事处和居民委员会。中国城市基层治理体系的"主线"与"辅线"慢慢发生转换，城市基层管理的重心从逐步"单位"转移到了"街区"，原本居于"辅线"的街居制作用更加彰显，成为基层治理中的"主角"，最终形成了以"街居制"（即街道办事处和居委会体制）为基础的城市基层治理体制。可以说，改革开放之后形成的以街道和居民委员会为主体的城市基层治理体系，具有明显的被动性和应急性，基本上是按照承接政府事务为主的"社区服务"逻辑发展起来的，尽快完善街道办事处管理体系和加强居民委员会的承接能力，特别是社区层面治理力量的有效衔接成为这一阶段城市基层治理体系的根本问题。鉴于此，在国家层面，1980 年全国人大重新颁布 1954 年的《城市街道办事处组织条例》，1982 年《宪法》中确认，居民委员会是"基层群众性自治组织"的性质。这些事件标志着街道办、居民委员会的组织性质得到明确，成为城市基层治理的基础单元。接着，1986 年民政部提出的"社区服务"（以民政对象为服务主体）中首次将"社区"概念引入城市管理，1989 年 12 月全国人大通过的《居民委员会组织法》明确规定：居民委员会应当开展便民利民的社区服务活动，"社区服务"被以法律条文的形式正式确定下来。1991 年民政部进一步提出了"社区建设"的概念，并在全国开展实践活动。1998 年，国务院机构改革中在新一轮机构改革计划中，民政部被正式赋予"推进社区建设"的职能，并设立了基层政权和社区建设司。2000 年 11 月，中共中央办公厅、国务院办公厅转发《民政部关于在全国推进城市社区建设的意见》，标志着社区建设成为加强基层政权建设、改革城市基层管理体制的重要思路和重大举措。应该说，这一时期以街道、社区管理体制改革为突破口的城市基层治理体系建设具有很强的现实问题指向，即为了适应、解决改革开放及社会转型带来的城市社区中的各种社会服务困难问题。

社会治理重心下沉是 20 世纪 90 年代以来国家治理体系应对社会转型和社会结构变迁所采取的一种组织性调整[①]，特别是 2000 年 11 月发布的中办 23 号文件，以社区建设为切入点开始了社区、街道、城区相互关联的基层治理体系改革。单位制解体之后，城市基层管理体制发生变革，国家试图通过行政权力的下渗完成"基层政权建设"，[②] 城市行政管理体制的改革集中体现在权力的下放和城市管理重心的下移上，不同城市对街道办事处管理体制改革采取了从强化、弱化到取消等不同的方案。在实际运行中，街道办事处的职责和任务随着形势的变化与日俱增，对上街道办事处受到"条""块"两方面的领导，对下与居民委员会形成领导与被领导的上下级关系。街道办事处还被纳入"政绩晋升锦标赛"的行政逻辑，越来越具有综合性，几乎涵盖了一级政府所有行政管理职能，有人形象地说街道办事处是"上管天（环保）下管地（环境卫生）、既管老（老龄工作）又管小（托幼）、管生（计划生育）又管死（殡葬改革），最后还管教育和安置"[③]。职能定位和人员编制越来越不能满足严重超载的职能需求，无法应对城市管理不断出现的新情况、新问题。伴随着城市居民逐渐从"单位人"变为"社区人"，1986 年引入了"社区"概念，1989 年通过的《中华人民共和国城市居民委员会组织法》，对居民委员会和工作人员的工资和生活补贴也有明文规定，城市社区居民自治开始在全国广泛推行开来。全国各地城市广泛开展社区服务活动，建立了社区协调领导机构和社区服务队伍，建设社区服务设施，形成了一套责任明确、运行有序的管理体系，逐渐形成了社区党组织领导、居民委员会牵头、业主委员会和物业服务企业参与协调的社区治理结构，由党支部、居民委员会、社区服务站等三个组织交叉任职的方式构成，进一步完善了社区组织体系。在探索基层自治的同时也出现了一些新问题。一方面，对社区基层自治的强调，造成党和政府在基层治理中的快速退出，削弱了党和政府与基层的联系，导

---

① 容志. 推动城市治理重心下移：历史逻辑、辩证关系与实施路径 [J]. 上海行政学院学报，2018，4.

② 王汉生，吴莹. 基层社会中"看得见"与"看不见"的国家——发生在一个商品房小区中的几个"故事" [J]. 社会学研究，2011，1：63-95.

③ 王运宝. 街道办的 55 年 [J]. 决策，2011，10：38.

致党的政策和政府政令无法深入基层。另一方面，部分基层矫枉过正，在探索基层自治过程中偏离了党和政府主导这一原则。

这一时期改革重点是让社区居民委员会回归其自治功能，理顺街道办事处和社区居民委员会之间，街道办事处、社区居民委员会与区政府职能部门之间的关系。由于街道办事处承担了过重的政府工作任务，受到人员不足的限制，不得不将一部分工作下派给社区居民委员会，街道办事处与居民委员会事实上仍然是领导与被领导关系，国家重获并强化了对基层社会的控制，可以说是一种原有管理逻辑的"延续而不是转型"①，保持了政府主导型的单权力中心的城市基层治理模式，从国家、城市基层政府，到作为基层政府派出机构的街道办事处，再到事实上成为国家政权向下渗透的末端组织的居委会，构成城市基层治理体系的真正主导者、参与者。上海实行了"两级政府、三级管理"的行政体系，大部分城市行政体系则采用了由"市—区—街道办事处—社区"构成的纵向条线体制。不同层级的政府按照职能分工把自己的事务延伸到社区，对社区组织进行直接或间接的控制、指导，社区演变成部门化、行政化的社区。特别是少数强势部门，绕开社区业务主管部门直接进入社区，使部门无障碍进社区现象加重（图2）。

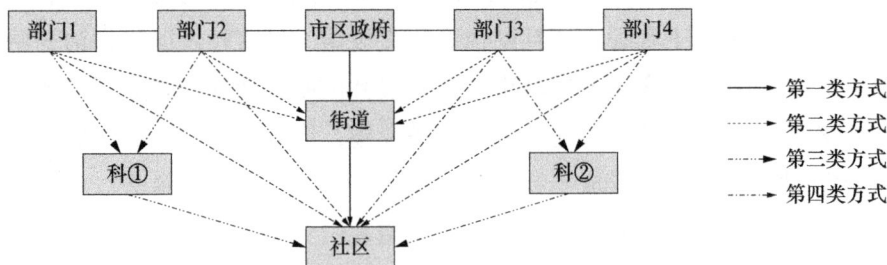

图 2　城市基层行政任务下达示意图

资料来源：张翔：《城市基层治理对行政协商机制的"排斥效应"》，
《公共管理学报》，2017 年第 1 期，第 55 页。

3. 党的十八大以来回归基层治理逻辑的城市基层治理体系现代化建设

随着经济社会的快速发展，社会异质化和多元化程度的不断提高，整个

---

① 石发勇. "准公民社区"：中国城市基层治理的一个替代模型［J］. 社会科学，2013，4：59-70.

社会也从改革开放初期急需政府减少干预转变为社会秩序亟须治理，城市基层社会治理正在显现出从动员组织到动员个体、从国家优先到人民本位、从社区建设到街道变革等新趋势[①]，但是在实践中基层自治权力并没有得到正确的充分的有效的发挥，特别是需要党和政府的引领与治理。党的十八大以来，城市基层治理领域在十八大、十八届三中全会、十八届四中全会所形成的国家治理现代化目标的指引下，城市基层治理改革取得了重大进展，十八大报告提出的党委领导、政府负责、社会协同、公众参与、法治保障的治理格局已经建立并逐步健全（图3）。其最核心和最突出的特征就是全面加强党的领导，强化城市社区自治和服务功能，社区基层党组织也日益呈现出再组织化的趋势（表1）。特别是创新基层治理体制，打破政府部门界限和条块分割，并吸引社会力量广泛参与，实现政府治理与社会自我调节、居民自治良性互动，鼓励各级政府通过向社会组织购买服务的方式改进公共服务模式，最终建立党的十九大报告所提出的共建共治共享的社会治理格局。北京市加强了城市基层治理顶层设计。2016年，北京市出台《关于深化街道、社区管理体制改革的意见》，提出强化街道办事处的统筹执法力度，在基层实行"条块结合、以块为主"的管理方式。2018年初，北京市委进一步提出把"街乡吹哨、部门报到"列为"一号课题"，通过下沉资源和赋权增能，提升街道的属地管理能力。2018年10月以来，《关于加强和完善城乡社区治理的实施意见》《北京市社区工作者管理办法》《中共北京市委 北京市人民政府关于加强新时代街道工作的意见》陆续出台，分别从居民委员会主体性、选举制度、社区工作者职业定位、发展空间、权益保障、依法依规等方面进行了顶层设计，努力让社区治理体系和治理能力建设有制度保障。除此之外，社区减负也成为近年来城市基层治理建设中的热点词汇。2016年，北京市贯彻民政部、中央组织部印发的《关于进一步开展社区减负工作的通知》（民发〔2015〕136号），减轻社区行政负担，通过对社区工作事项实行清单管理、取消社区层面各类评比考核项目等，使得社区更好地履行社区自治和服务功能。

[①] 赵聚军，王智睿. 社会整合与"条块"整合：新时代城市社区党建的双重逻辑［J］. 政治学研究，2020，4：95.

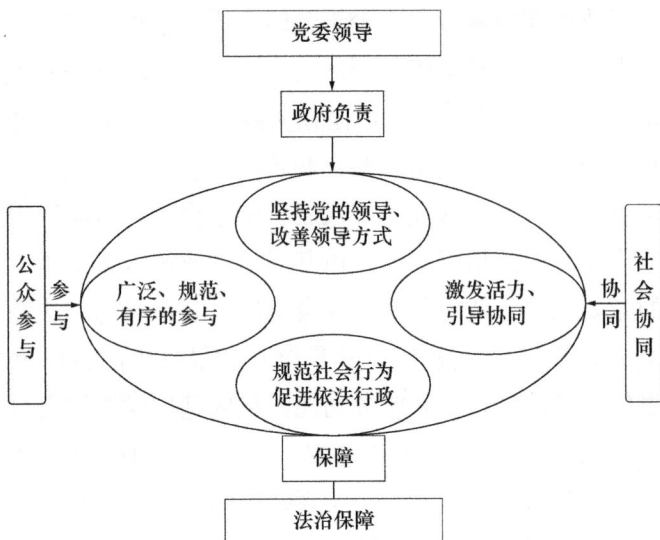

图 3　城市基层治理结构

资料来源：袁方成，罗家为：《十八大以来城乡基层治理的新方向、新格局与新路径》，
《社会主义研究》，2016 年第 1 期，第 12 页。

城市基层治理的创新形式　　　　　　　　　　　　　　表 1

依托部门	核心目标	代表模式
综治委	打击违法犯罪是其首要职能，网络化管理，公安进村、进社区	网络化社会服务管理
民政	强调激发和培育自主的社会力量，实现各种力量的协同联动	行业商（协）会承接政府职能转移；协同式治理
社工委	既有宏观层面的统筹职能，也有具体的职能，突出社工的作用	"三社联动"；"党工＋社工＋义工"；"三工模式"
群工委	强调改善干群、党群关系来有效调解和化解社会矛盾纠纷	"一核多元""五力共治"；"126 信访"

资料来源：袁方成，罗家为：《十八大以来城乡基层治理的新方向、新格局与新路径》，《社会主义研究》，
2016 年第 1 期，第 13 页。

（二）当前城市基层治理体系建设取得的主要成就

目前，随着国家治理体系与治理能力现代化建设的不断深入，作为当前短板的基层治理体系与治理能力现代化建设成为重中之重，城市基层治理体系

建设的方向思路也日渐清晰，城市基层治理体系的轮廓初步成型，城市基层治理体系的运作模式得到确认，取得了一定成就。具体体现在以下几个方面：

1. 城市基层治理体系更加合理

随着改革开放的纵深推进与社会主义市场经济体制的逐步建立，我国城市资源配置手段发生根本性变换，单位制在城市化过程中暴露出许多问题与弊端，单位制的式微成为必然，失组织化成为城市基层变化的主要态势，这从根本上改变了城市基层治理体系。既然街道办事处和社区居民委员会是基层管理的基本单元，则街居体制也理应成为政府基层管理的关键体制。但是在实践运行中，街道办事处和社区居民委员会严重被"行政化"，街居制面临着"职能超载"的现实难题，在城市基层管理中难以承担对基层群众"组织化"的重任。当前城市基层治理体系建设的主要手段：总的思路是下沉，下沉的主要表现一是赋权，二是赋能。历经 10 余年调整，组织建构、制度创设、资源配置基本定型。在组织结构上，形成了条线化的行政工作链条。其特点是为强化行政指挥的有效性，设置自上而下层级节制的政府组织，上海采用的是两级政府、三级管理的行政体系，大部分城市的行政体系则沿用与地方区划序列对应的"市—区—街道办事处—社区"纵向条线体制。在社区这一层次，行政工作体系由党支部、居民委员会、社区服务站三个组织交叉任职的方式构成。党和政府也开始调整执政方式和治理思路，逐渐建立起一整套基层自治的制度体系和管理模式。在政府组织与社区组织关系上，确立了"权随责走、费随事转"的基本原则，在工作制度上，形成了自上而下的责任制。2019 年，中共中央办公厅印发的《关于加强和改进城市基层党的建设工作的意见》明确提出，充分发挥街道社区党组织领导作用，有机联结单位、行业及各领域党组织构建区域统筹、条块协同、上下联动、共建共享的城市基层党建工作新格局。

2. 街道治理体系效能更加强化

在城市基层治理体系中，街道从最初城市治理"拾遗补阙"的角色转变为城市基层治理的基本形式。作为区（县、市）国家政权派出的工作机构，街道办事处在机构设置上，并不严格与其派出的政权层级结构——对应，但要承接派出政府各机构的职能。最初的街道治理体系主要由区（县、市）党委街道工作委员会、区（县、市）政府街道办事处、街道武装部和区（县、市）政府职能部门派出机构（如派出所、工商所、司法所、财税所）等构成。从法律定位上看，在国家政府制度结构中，街道办事处不是一级地方政府，只是政府履行职能的一种组织化、机构化方式。因此，无论强化、弱化还是取消街道办事处，都是地方政府为了实现更有效履行职能而采取的一种策略。在很长一段时间内这样的街道治理体系曾经是城市基层治理体系的主要问题——条块矛盾的集中反映，这一问题有两个具体体现：一是责权不统一使城市基层管理条难以一竿子捅到底、块也难以统起来，二是在执法权限方面街道综合执法机构与上级专业执法机构的多头管理。但街道办事处是我国基层政权的重要组织形式，街道体制在城市基层社会治理中也一直起着不可或缺的重要作用。因此，"依法赋予乡镇（街道）综合管理权、统筹协调权和应急处置权，强化其对涉及本区域重大决策、重大规划、重大项目的参与权和建议权。根据本地实际情况，依法赋予乡镇（街道）行政执法权，整合现有执法力量和资源。"①随着对街道作为基层政权定位争议的暂告平息，并通过赋权、赋能等形式推动治理重心下沉，进一步强化了街道办事处的基层政权职能，着力解决"小马拉大车"的基层权责失衡问题，组织形式和功能日趋完善。2000 年后，各地陆续在街道设立区（县、市）人大常委会工作委员会，通过街道人大工委的建立，完善了街道的政权体系。有的地方还在街道设立了区（县、市）政协工作委员会，街道政权体系也越来越相似于一级地方政府的架构。2017 年 6 月发布的《中共中央　国务院关于加强和完善城乡社区治理的意见》明确指出："按照条块结合、以块为主的原则，制定区县职能部门、街道办事处（乡镇政府）在社区治理方面的权责清单。"加强权责清单建设是为了进一步规范街道与政府职能部门的关系，特别是推动条块关系更加规范化，使"条块结合、以块为主"的政府主导型社区治理体制更加成熟定型。同时，依据街道的角色定位（基层党建的实施者、城市管理的执行者、基层公共服务的组织者、社区自治共治的引领者）及工作重点（"基层

---

① 《中共中央　国务院关于加强基层治理体系和治理能力现代化建设的意见》，《人民日报》，2021-07-12（01）.

党组织建设""公共服务、公共管理、公共安全""提供良好公共环境"），推动街道工作机构的精简合并，进一步把街道的各类工作平台做强。

2016 年，北京市出台《关于深化街道、社区管理体制改革的意见》，为强化街道办事处的统筹执法力度、在基层实行"条块结合、以块为主"的管理方式奠定了基础。2018 年北京市委进一步通过"街乡吹哨、部门报到"来实现下沉资源和赋权增能，以提升街道的属地管理能力。2019 年 2 月，《中共北京市委 北京市人民政府关于加强新时代街道工作的意见》出台，提出要建立分层协商和公共沟通互动制度，规范并整合街巷长、网格员、协管员、社区专员等管理人员的职责，发挥多元社会主体在基层治理中的作用，并着重强调加强辖区的属地管理，向街道赋予六项权力：辖区设施规划编制、建设、验收参与权；全市性、全区性涉及本街道辖区范围的重大事项和重大决策的建议权；职能部门综合执法指挥调度权；职能部门派出机构工作情况考核评价和人事任免建议权；多部门协同解决的综合性事项统筹协调和考核督办权；下沉资金、人员的统筹管理和自主支配权，以确保基层有充分的权力和更多的资源为群众办事、解决问题。[1]2021 年 1 月北京市人民政府印发的《北京市街道办事处设立标准（试行）》（京政发〔2020〕27 号）公布，规定：首都功能核心区街道办事处辖区面积一般不小于 2 平方千米，常住人口一般不低于 5 万人、不超过 10 万人，其他的街道办事处辖区常住人口不超过 15 万人。[2]

3. 社区治理体系结构进一步完善

作为党和政府联系、服务居民群众的"最后一公里"，社区需要在健全社区管理和服务体制上下功夫，尤其是整合各种资源以增强社区公共服务能力。社区服务的有效供给不仅包括政府的公共服务体系，还包括市场的专业化服务体系和社会的自我服务体系。经过改革开放以来近半个世纪的发展，社区管理体制初步形成，社区基础设施和环境得到很大改善，社区工作者素质迅速提高，社区共建广泛实施，社区服务蓬勃发展。但是，居民委员会行

---

① 中共北京市委、北京市人民政府关于加强新时代街道工作的意见［N］. 北京日报，2019-02-27（01）.

② 任珊. 街道常住人口不得超 15 万人［N］. 北京日报，2021-01-08（07）.

政化色彩较前更强，对街道的实际隶属性质有所加强，社区自治能力相对薄弱。在社区这一层次，行政工作体系由党支部、居民委员会、社区服务站三个组织交叉任职的方式构成。社区"两委"成员中，社区书记、主任受街道有关科室管理、考核，副书记受街道党群工作部管理、考核。居民委员会副主任、委员受街道社会事务科与街道综治办双重考核和管理。社区服务站专干实行三重考核管理机制，即区政府层级的归口管理职能部门成为专干的考核主体，社区居民委员会是专干的日常管理主体，街道社会事务科与街道综治办既是其考核主体又是其日常管理主体。多元的公共治理功能的组织。首先是居民委员会，它们依法作为基层群众性自治组织，由政府拨付工作经费和补贴，同时协助街道办事处和有关政府部门工作，并接受社区党组织的领导；其次是从改革开放初街道福利机构改革和社区服务整合过程中发展起来的事业单位性质的社区服务中心，这些服务中心在市区县街道（镇）居民委员会形成层次体系；最后，各地在近几年来，陆续设置的社区工作站、社区服务站、社区居民事务工作站等。构建起社区党委—网格党支部—庭院党小组—楼栋党员家庭户四级党建网络工作体系，以及网格长、楼栋长、单元长"三长"管理体系，把社区治理和服务延伸到了最基层。[①] 近年来各地纷纷加强社区治理顶层设计。2015 年以来，北京市加快推进社区服务体系全覆盖，以社区居民需求为导向，通过打造"一刻钟社区服务圈""社区基本公共服务十大覆盖工程""养老服务驿站"等项目，改善基层基本公共服务。2016 年以来，北京市积极贯彻民政部、中央组织部印发的《关于进一步开展社区减负工作的通知》（民发〔2015〕136 号），大力推动减轻社区行政负担，采取了对社区工作事项实行清单管理、取消社区层面各类评比考核项目等多项行动，来提升社区更好地履行社区自治和服务的功能。2018 年 10 月以来出台的《关于加强和完善城乡社区治理的实施意见》《北京市社区工作者管理办法》《关于加强新时代街道工作的意见》等文件，又从居民委员会主体性、选举制度、社区工作者职业定位、发展空间、权益保障、依法依规等方面提供了顶层设计，为社区治理体系和治理能力建设提供了制度保障。

---

① 充满希望的田野，大有可为的热土——习近平总书记考察吉林纪实［N］. 人民日报，2020-07-26（01）.

4. 城市基层治理体系内部运行更加顺畅

城市基层治理的特点是需要直接与人打交道，作为个体的人最突出的特征就是差异化明显，人的需求和感受复杂多变，这些对城市基层治理体系的运行提出了较高的要求。城市基层治理体系的内部运行模式，也就是主体之间互动的逻辑。前期经过两轮政府机构改革，不同层级的政府按照职能分工把自己的事务延伸到社区，对社区组织进行直接或间接地控制、指导，逐渐形成了各级政府组织对社区的分层支配模式，城市基层治理体系内部的运行以部门化、行政化的逻辑为主。为了更好适应城市基层的实际需求，走出了一条以党建引领为主要内容的中国特色社会主义城市基层治理道路[①]。这一逻辑贯穿在城市基层治理体系的运行过程，围绕党组织领导基层社会治理这一主线，明确街道党工委全面领导街道工作的法律地位，确立了党建引领下的街道工作体制机制。按照"市级—区级—街道"纵向贯通，"社区—园区—楼宇—商圈—企业—社会组织"横向扩展，党群服务中心、城市驿站、红色会客厅等在空间上形成了广分布、密集化的特征，成为基层网格化管理的重要中枢。杭州市江干区 45 座城管驿站，全面覆盖 8 个街道、41 条主干道路，在城管驿站管理上建立起由一个机关党支部下沉指导，一个辖区执法中队、市政所党支部认领管理，联动社区、属地单位、社会组织等，从而能够将更多的工作管理人员下沉到驿站，实现基层的共建共享，打通城市管理的"最后一米"。同时，针对街道分科分层的机构设置更多强调对上负责、难以应对来自基层治理的新需求这一问题，《北京市机构编制委员会办公室关于开展街道各类机构综合设置和派驻机构属地化管理试点工作的指导意见》出台，探索推行街道的大部门制改革，通过整合街道党工委、办事处的内设机构，分别对应街道职责清单的 6 项基本职能，打破与政府职能部门的对口设置，将街道内设机构整合为综合办公室、党群工作部、平安建设部、城市管理部、社区建设部、民生保障部 6 个部室，体现了街乡机构与基层治理任务的紧密结合。各区根据区域特点和自身管理需求进行了微调，例如平谷区在滨河街道等试点整合机构职责，综合设置为"一室四部一队三中心"；石景山区在

[①] 郑长忠，杨景明．社会转型与城市基层治理形态演进——以上海市静安区临汾路街道的实践为例［M］，上海：复旦大学出版社，2018：3.

街道整合中形成了"一室五部一队四中心"的组织架构；东城区在东直门街道等开展街道管理体制试点改革后在全区推行，综合设置街道"六部一队四中心"；西城区设置"一办六部四中心"等。这些探索的核心是通过街道组织重构、管理重心下沉满足社区居民的多元需求，提高基层政府机构的管理服务绩效。[①]2019年2月，《中共北京市委　北京市人民政府关于加强新时代街道工作的意见》提出，要建立分层协商和公共沟通互动制度，规范并整合街巷长、网格员、协管员、社区专员等管理人员的职责，发挥多元社会主体在基层治理中的作用。街巷长制的核心是将街乡干部推到区域街巷整治的第一线，由其承担环境整治、社会治理、公共服务等具体职责，这使得街乡干部成为街巷治理的组织调度者和吹哨人，同时接受来自群众等多方面的监督。街巷长在其管理区域范围内，直接面对居民、直面各种具体问题，代表街道协调整合相关政府职能部门、社区干部及居民等力量，对街巷实行综合性、精细化管理。从实践看，街巷长制有效地解决了街巷基层治理的条块结合、上下联动、沟通协调等难题，取得了良好成效。而发源于基层的"小巷管家""老街坊"等做法，则推动居民志愿者和政府行政力量在基层治理中实现无缝对接，并在实践中探索出"胡同主事""楼院议事"等多种推动基层末梢治理的实践模式。[②]

5. 城市基层治理体系创新成果显著

自党的十八大以来，各级党委和政府对城市基层治理创新越来越重视，通过多年的探索，以党建引领为核心，建构起了"一核多元"和"一核多能"的基层治理架构。"双报到制度"和"多方联席会议制度"作为新型党建组织体系重塑的重要实践，成为搭建街道社区党组织领导下的居民委员会、业委会、物业企业、社会组织等多方联动机制，有效提升了城市基层社会治理能力。"双报到制度"强调驻区单位党组织、党员通过到社区主动报到，驻区党组织深入开展与所在社区党组织结对共建，主动提供驻区单位基本情况、可

---

① "街乡吹哨、部门报到"课题组. 探索简约高效的特大城市基层治理体制——北京市"街乡吹哨、部门报到"实践探索研究 [J]. 中国机构改革与管理，2019，4：7.

② "街乡吹哨、部门报到"课题组. 探索简约高效的特大城市基层治理体制——北京市"街乡吹哨、部门报到"实践探索研究 [J]. 中国机构改革与管理，2019，4：7-8.

提供资源、所需服务等资源与需求信息，积极参与社区内公益性、社会性、群众性工作，协助所在社区的党组织解决群众关心的热点难点问题。"多方联席会议制度"则建立大事集中协商机制、难事协调解决机制、急事快速应对机制等，对社区公共安全整治、环境改造、公共收益分配等重大事项，共同研究方案，共同处理。可以说"双报到制度""多方联席会议制度"抓住了党组织和党员这一基层党建的核心主体，以党组织和党员的参与，统筹基层驻区单位、社会团体、社会组织等推动基层党组织建设与社会治理的良性互动、有机融合。基层党组织的工作重心从"组织覆盖"向"服务覆盖"转变，以增强党组织的基层影响力和号召力[①]。特别是依托基层组织建设，整合多主体服务资源，扩展协同联动的服务网络，丰富服务内容等机制，将服务功能嵌入基层治理体系中（表2）。例如，西安市雁塔区毓凤阁书店"红色会客厅"便是依托经营性书店，将商圈、企业、驻地单位等资源整合进红色会客厅内，为社区儿童、青少年、中年人、老年人等提供各类文化服务项目，使"红色会客厅"真正在服务社区中发挥重要作用。在社区治理方面，民政部将"全国社区治理和服务创新实验区"创建活动作为指导实现城市社区治理创新的重要载体，先后已批复确认了三批共83个全国社区治理和服务创新实验区（以下简称"实验区"，见表3）。实验区模式的核心是依托"锦标赛"体制调动地方政府回应基层社会治理领域矛盾和问题的主动性，使其通过自上而下的顶层设计构建具有本土特色的社区治理能力提升机制。各地集中于创新社区管理体制、丰富社区自治形式、完善社区服务制度、优化社区服务手段等领域积极开展实践，积累了丰富的社区治理经验，探索出诸多创新性治理模式，在相当程度上提高了基层治理能力。实验区的成效主要体现在两个方面，一方面是国家通过政策制度，促使地方政府重视基层建设，即在宏观层面强化国家权力在社区治理中的主导作用；另一方面是地方政府全面介入社区的治理过程，包括资源投入、人才政策、制度设计等，通过实践探索具有地方特色的治理模式，提高基层社区的治理能力。[②]网格化管理是在街道和社区之下，针对居民日益多元化和复杂化的利益诉求，按照"街巷定界、规

---

① 林尚立. 中国之理：党的先进性决定中国发展前途［J］. 江苏行政学院学报，2012，6：71-78.
② 苗延义. 能力取向的"行政化"：基层行政性与自治性关系再认识［J］. 社会主义研究，2020，1：86.

模适度、无缝覆盖"的原则，重新整合政治资源，对基层治理权责进一步精化和细化，所形成的一种城市微观治理方法。网格化填补了城市基层治理中的"真空"和"盲区"，有利于公共服务供给进一步下沉和全面、充分满足居民的个性化需求。应该说，这也是一种基层行政管理体制的改革和创新[1]。在许多城市的治理创新方案中，强化基层的治理力量是其核心内容。例如：北京通过"街乡吹哨、部门报到"的方式，提升基层协同条线职能部门的能力；上海推行"五权下放"等下沉式改革，并提出要对基层治理进行"加减乘除"，意在切实为基层"赋权增能"。这些创新举措依靠自上而下的压力和动员机制，从外部作用于常规化的治理运行体系。然而，随着创新方案的深入实施，从点到面的推广，从短时间向长时段的延伸，创新动力时常面临损耗，创新绩效也随之递减。这说明，我们仍然缺乏一个可持续、制度化的，并能与原有体制有机共生的机制，从而推动治理重心向基层倾斜和下沉。[2]城市大脑以社区制为基础划分出网格，依托网格化管理机制和网格员作用的发挥，使网格内地理数据更加真实丰富，确保将社会治理的基础信息完整且真实地记录下来，且实时更新。[3]通过运用标志地址库，将网格内的人、房、企、事和重点场所、部位等入图，实行分级分层管理。通过城市大脑的数据赋能，数据效益使得社会治理的管理效率明显提升。依托城市大脑的大数据分析能力和成熟的物联网感知技术，城市基层治理从"救火式"转变为"预警式"。

城市基层党建创新优秀案例 表2

案例名称	创建时间	推动部门	改革要点
东莞"阳光雨"党群服务中心	2012年	中共东莞市委组织部	① 遵循就近方便、开放共享的思路，打造"阳光雨"党群服务中心；② 园内分区域、条块结合设置特色党组织；③ 整合各方资源，确保运转可持续；④ 建立统筹高效的组织架构

---

① 吴结兵. 网格化管理的实践成效与发展方向［J］. 人民论坛，2020，10（中）：24.
② 彭勃. 智能技术赋能基层治理：新问题与新机遇［J］. 国家治理，2020，2：25.
③ 陈宇. 基层社会治理的"城市大脑"解决方案［J］. 杭州，2020，5：29.

续表

案例名称	创建时间	推动部门	改革要点
深圳"1＋10＋N"党群服务中心联盟体系	2015 年	中共深圳市委组织部	① 规划建设"1＋10＋N"党群服务中心联盟；② 科学合理布局，提供便捷性服务；③ 搭建共建共赢的党建共同体平台，实现区域统筹、资源整合、上下联动；④ 聚焦互联互动，打造信息化平台
上海陆家嘴金融城"金领驿站"	2016 年	中共上海市陆家嘴金融贸易区综合委员会	① 建立 40 个"金领驿站"，打造精神家园；② 依托区域化优势，突出引领政治功能；③ 坚持社区共治理念，提升服务功能；④ 满足多元化需求，创新服务载体平台
杭州市江干区"城管驿站"	2016 年	中共杭州市江干区委组织部	① 建成 45 个集用餐、休息、学习、交流、应急于一体的城管驿站；② 支部建在"站"上，让城管行业党建更有效度；③ 服务暖在"心"上，让基层党建工作更有温度；④ 力量聚在"点"上，让城管工作更有力度
西安市雁塔区"红色会客厅"	2019 年	中共西安市雁塔区委组织部	① 创建"党员政治生活馆"和"党群服务中心"为一体的"红色会客厅"，② 打造阅读、文创、手工、书法等 15 个功能区；③ 以政治功能、文化引领做大辐射功能；④ 方便群众，做实服务功能，加强与基层的治理融合
西安市灞桥区"红色会客厅"	2019 年	中共西安市灞桥区委组织部	① 创建"一厅、一廊、一镜、四室"的"红色会客厅"；② 以深入群众、服务居民为着力点，突出党建引领作用；③ 整合公共资源和社会资源，打通服务群众的"最后一公里"；④ 创新党建活动形式，丰富党建活动载体，满足个性化需求

资料来源：张振，陆卫明：《城市基层党建创新的空间逻辑与党组织组织力的提升——基于全国城市基层党建创新案例的分析》，《北京行政学院学报》2020 年第 6 期，第 44 页。

"全国社区治理和服务创新实验区"（第 3 批）实验主题汇表　　表 3

实验方向	实验单位	实验主题
三社联动	北京市西城区	推进三社联动，加强社区治理服务创新
	山西省阳泉市城区	培育多元主体，推动三社联动
	吉林省长春市宽城区	推进三社联动，创建"三型"社区治理结构
	浙江省杭州市上城区	深化三社联动，推进多元协商共治
	山东省青岛市市北区	创新多方联动机制、提升社区治理服务水平
	四川省成都市武侯区	发展微治理、激发新活力

续表

实验方向	实验单位	实验主题
多元共治	江苏省南京市栖霞区	加快三化融合发展，推动社区多元善治
	山东省济南市历下区	理顺社区治理主体结构，创新社区治理机制
	山东省泰安市泰山区	多方协同、共治社区
	贵州省安顺市西秀区	多元治理，强化服务
	陕西省西安市碑林区	多方联动，共治共享
	河北省廊坊市广阳区	探索社区资源高效整合机制，实现社区共建共治共享
	新疆维吾尔自治区克拉玛依市克拉玛依区	多元共治，提高社区服务水平
社区减负	江苏省南京市建邺区	推进社区减负增效，提升社区治理能力
	重庆市南岸区	推进三事分流，推动社区治理创新
信息增效	内蒙古自治区赤峰市红山区	党建引领、三社联动、信息化支撑，推动社区治理服务机制创新
	辽宁省大连市西岗区	完善"365"工作体系、创新社区治理机制
	辽宁省鞍山市铁东区	推进社区信息化建设，提升社区治理服务能力
	黑龙江省齐齐哈尔市龙沙区	加强智慧社区建设、完善产业转型地区社区服务体系
	河南省洛阳市涧西区	加强社区信息化建设、提升社区治理服务效能
	湖南省岳阳市岳阳楼区	加快社区服务体系建设，构建社区共治共享格局
社区体制改革	内蒙古自治区包头市昆都仑区	探索西部地区街道社区治理体制改革
	黑龙江省牡丹江市西安区	探索社区综合体制改革，增强社区自治和服务功能
	青海省西宁市城东区	创新社区治理结构，强化社区服务
政社互动	浙江省杭州市下城区	理顺社区治理机制，推进社区服务创新
	安徽省芜湖市	创新社区治理机制，推动政社良性互动
社区协商	吉林省长春市朝阳区	完善社区协商，增强社区居民自治功能
	江苏省南京市鼓楼区	构建社区协商体系，深化社区居民自治
	江苏省苏州市姑苏区	建立"党建引领、民主协商、项目运作、协同共治"的社区治理机制
居民自治	上海市静安区	理顺社区发展基金运行体制机制，助推社区居民自治
	广东省珠海市香洲区	加强社区居民自治、提升社区治理水平
	四川省成都市青羊区	发展微治理，激发新活力

续表

实验方向	实验单位	实验主题
居民自治	天津市河西区	扩大居民有序参与、完善社区治理体系
社区共识	浙江省湖州市德清县	提升社区共识、促进共治共享
服务供给	北京市海淀区	构建"直达式多样性社会化社区服务"新模式
	江苏省徐州市云龙区	创新社区服务机制、提升社区服务效能
	陕西省宝鸡市金台区	打造"社区＋"平台、提升三化一度水平
	福建省福州市鼓楼区	深化"135"党建模式、引领促进社区服务均等化优质化
	湖北省枝江市	推进"村改居"过程中社区治理服务机制创新
	云南省曲靖市麒麟区	实施五化提升,建设五好社区

资料来源:苗延义:《能力取向的"行政化":基层行政性与自治性关系再认识》,《社会主义研究》,2020年第1期,第87页。

(三)当前城市基层治理体系建设的基本逻辑

1. 党建引领

中国与西方在城市基层治理上的一个关键性政治制度不同,就是党的领导与城市基层治理的关系。构建党建引领下的城市基层治理体系,是推进国家治理体系和治理能力现代化的重要内容。党建引领作为一种重要的社会治理机制,是中国共产党把"支部建在连上"的传统党建原则在新时代的进一步延伸,对于基层社会治理具有不可或缺的作用。2013年《中共中央关于全面深化改革若干重大问题的决定》提出,"创新基层党建工作,健全党的基层组织体系,充分发挥基层党组织的战斗堡垒作用,引导广大党员积极投身改革事业,发扬'钉钉子'精神,抓铁有痕、踏石留印,为全面深化改革作出积极贡献。"[1]社区是党和政府联系、服务居民群众的"最后一公里","市、县级政府要规范村(社区)公共服务和代办政务服务事项,由基层党组织主

---

[1] 中共中央关于全面深化改革若干重大问题的决定 [N]. 人民日报,2013-11-16(1).

导整合资源为群众提供服务。"① 坚持以人民为中心，把人民放在心中最高位置，一切为了人民，紧紧依靠人民，是马克思主义政党的根本特征。这就意味着，在城市基层社区治理之中，服务是最好的治理形式，将党的思想建设、组织建设等与社区公共服务有机结合在一起，及时回应群众的关切，是能够增强党的凝聚力、战斗力的重要方式。这样，党政两条线在社区治理中实现了有机融合，基层党建也就自然成了破解社区治理难题的重要抓手。改革开放以来先后出现了服务型党组织建设、区域化党建、网格党建和枢纽型党建四种城市基层党建工作机制：它们分别是中国共产党改革开放以来对社会功能、引领治理、责任建设和组织转型方面进行的探索，这四种党建机制与单位型党建共同构成了城市基层党建工作的核心机制。同时，基层社区党建也出现了很多创新，主要体现为两个层面：一是强化社区党组织对党员的管理，出现了党员向工作单位党组织和社区党组织"双报到"机制；二是强化党组织在社区服务中的主体地位，提升党组织的服务功能。2020 年 1 月正式实施的《北京市街道办事处条例》，围绕党组织领导基层社会治理这一主线，明确街道党工委全面领导街道工作的法律地位，确立了党建引领下的街道工作体制机制。全国各地党组织探索出许多宝贵经验，如：北京市的"街乡吹哨，部门报到"，上海市的党建深度嵌入基层社会的大城市治理，天津市的"战区制、主官上、权下放"，浙江省的"枫桥经验"升级版，成都市在市委、区委两级成立城乡社区发展治理委员会，云南省玉溪市在全市推进"党建引领基层社会治理"实践，深圳市罗湖区把"支部建在小区上"等。这些探索形成了诸如政治领导、组织引领、能力引领、机制引领等不同方式，一体融合推进基层党建与基层社会治理。②

2. 条块管理

条块关系是中国政府间关系模式的基础，深刻影响着国家治理体系和治理能力现代化建设的进程。中华人民共和国成立以来，分级授权下的职责同

---

① 唐亚林. 新中国成立以来中国共产党领导的制度优势与成功之道［J］. 复旦学报（社会科学版），2019，5：10–22.

② 师林，孔德永. 制度—效能：基层党建引领社区治理的创新实践——以天津市"战区制、主官上、权下放"模式为例［J］. 中共天津市委党校学报，2020，1.

构是形成现行条块关系模式的主要机制。条块关系实质上反映的是中央和地方关系、上下级政府的关系。具体表现为，绝大多数地方政府机构都接受同级地方政府和上级职能部门双重领导，在机构设置上"横平竖直""上下对口""左右看齐"。每一个政府层级的机构设置大体类似，基本上每一个职能部门都是上下贯通各个层级政府。① 条块关系的总体特征是条强块弱，在一段时间里，甚至事无巨细皆决于条，强调"一竿子插到底"，形成了所谓的"条条专政"。正如毛泽东在《论十大关系》中所分析的那样："现在几十只手插到地方，使地方的事情不好办。立了一个部就要革命，要革命就要下命令。各部不好向省委、省人民委员会下命令，就同省、市的厅局联成一线，天天给厅局下命令。这些命令虽然党中央不知道，国务院不知道，但都说是中央来的，给地方压力很大。表报之多，闹得泛滥成灾。这种情况，必须纠正。"② "条块关系的矛盾，表面上看是部门管理与地方管理之间的矛盾，但其本质还是中央与地方的矛盾，集权与分权的矛盾。"③ 长期以来，"条条统治"始终是支配中国城市基层治理体系运转的主导思维，街道办事处在行政级别上高于设在本行政区域内的垂直管理的"条条"以及派出机构，对垂直管理的"条条""看得见但管不着"，垂直管理的"条条"依法行使职权，不受"块块"即地方政府的干涉。二者间的职责交叉少，各自独立开展工作。传统的基层治理模式是纵向的政府部门以条线方式进入社区，把行政管理和行政服务延伸到社区，社区日益陷入功能行政化、地位悬浮化和能力薄弱化的困境。以党建推动"条块"整合的改革思路最早出现在北京，主要目的是缓解区级党政职能部门与街镇之间的"条块"矛盾，提升街镇的工作效能。其基本的做法是将街镇辖区内党政机关、企事业单位的党组织进行整合，构筑区域化党建网络，赋予街镇针对各类"条条"部门的召集权、指挥权和考核权，突破部门封锁和"条块"分割，提高基层政府的服务能力④。

① 周振超. 条块关系的变迁及影响机制——基于政府职责的视角 [J]. 学术界，2020，5：28.
② 毛泽东文集（第七卷）[M]. 北京：人民出版社，1999：31.
③ 林尚立. 国内政府间关系 [M]. 杭州：浙江人民出版社，1998：307.
④ 孙柏瑛，张继颖. 解决问题驱动的基层政府治理改革逻辑——北京市"吹哨报到"机制观察 [J]. 中国行政管理，2019，4.

3. 属地管理

属地管理，顾名思义就是根据行政区划确定具体管理机关。中国自古以来就非常重视属地管理的作用，在城市基层治理的过程中，市区政府主要以社区组织为基本单位采取"属地化"的管理原则。传统基层治理模式中，城市政府及其职能部门利用其"属地化"原则，把自己履行的多数职责根据社区进行划分，通过属地管理转交给了城市行政组织结构的末端——街道办事处与社区，市区政府下派的行政任务成为"街道—社区"实施基层治理的核心环节，使街道办事处成为上级职能部门的"腿"，社区又成为街道的"腿"。下一步城市基层治理体系建设的重点是增强属地的统筹协调功能，由街道统筹使用执法力量，形成以属地政府为主的双重管理体制。2018 年初，北京市委通过"街乡吹哨、部门报到"向基层下沉资源和赋权增能，提升街道的属地管理能力。2019 年 2 月 23 日，《中共北京市委　北京市人民政府关于加强新时代街道工作的意见》正式发布，向街道赋予六项权力：辖区设施规划编制、建设、验收参与权；全市性、全区性涉及本街道辖区范围的重大事项和重大决策的建议权；职能部门综合执法指挥调度权；职能部门派出机构工作情况考核评价和人事任免建议权；多部门协同解决的综合性事项统筹协调和考核督办权；下沉资金、人员的统筹管理和自主支配权，以确保基层有充分的权力和更多的资源为群众办事、解决问题。[①]"路长制"（又称"路长负责制""街巷长制"等）是一种以属地管理为原则，以全面提升政府服务水平为目标，依托于道路网格和层级责任而建立的规范化、精细化、常态化、数字化的城市基层治理模式，被应用于城市管理中的诸多领域。它在制度实践层面以责任制为纽带，联动城市公共事务管理重要节点，在城市这一治理平台上有机统筹社区、楼院、商户单位等相对独立的治理个体，针对公共事业以及城市基础设施建设中的节点问题予以精准处置，充分发挥道路的联系沟通作用，调动城市基层治理资源的有效下沉利用。[②]当前基层党建中的"双报到"

---

① 中共北京市委、北京市人民政府关于加强新时代街道工作的意见［N］. 北京日报，2019-02-27（01）.

② 王刚，赵思芳. 从网格化到路长制：城市基层治理精细化中的制度超越与模式创新［J］. 河南社会科学，2020，8：94.

制度，也是突出社区党组织对党员的"属地管理"，突破以"条条"为主的传统"组织内党建"，要求党员向工作单位党组织和社区党组织"双报到"。

4. 社会动员

强大的社会动员能力不仅是中国共产党的传统优势，也是中国共产党群众路线的要义。社会动员是凝聚共识、促进社会参与的重要方式，也是反映国家治理体系和治理能力的一个重要维度。社会动员的关键是凝聚共识，最终目的是社会参与，带来了社会资源的重新配置与整合。改革开放以后，随着社会主要矛盾和党的中心任务的转移，"社会动员的视角，也从统治逻辑向管理逻辑和今天的治理逻辑转变"[1]，形成了中国特色的城市基层治理动员式参与。当前的社会动员包括重大社会动员、应急社会动员、日常社会动员三种类型，城市基层社会治理体系建设涉及的主要是日常社会动员。日常社会动员，指除应对社会危机或重大事件外，平常时期为解决日常社会生活中突出问题或提升生活质量，党和政府、基层自治组织、社会组织、社会单位等进行的社会动员。党和政府起主导作用、人民群众起主体作用。日常社会动员主要目的是让各类社会力量积极参与社会建设改革治理，配合党和政府共同发动社会公众、事业单位、社会组织、非公企业等参与城市治理、民生服务、社区建设、志愿行动、公益慈善、社会责任等。[2]2013 年之后，随着央地关系的调整，社会动员这种传统的治理工具开始重新进入地方政府的视野。不同于中华人民共和国成立之初的社会动员，2013 年以后的社会动员出现组织重构。组织重构是指在社会动员中，国家建立起一套衔接社会的纽带，这种纽带既不是科层组织，又不是社会组织，而是一种介于科层组织与社会组织之间的中间形态，兼具行政性与社会性的双重属性，发挥衔接国家与社会的纽带作用。[3]北京市先后在 130 个街道（乡镇）围绕治理"大城市病"、居民自治、共治共建、应急动员、志愿服务等开展社会动员试点，推动社会协同、扩大公众参与。开展区街社会动员中心规范化建设，共建成区级社会动

① 蔡志强. 社会动员论——基于治理现代化的视角 [M]. 南京：江苏人民出版社，2015：39-42.
② 岳金柱，武剑，董欣，王卫峰. 新时代北京社会动员的总体思路 [J]. 社会治理，2019，8：75.
③ 王清. 通过项目进行动员：基层治理的策略与影响 [J]. 四川大学学报（哲学社会科学版），2020，5.

员中心 4 个、街道（乡镇）级社会动员中心 52 个。制定区街社区社会动员工作方案、指导标准、任务指南，为基层开展社会动员提供依据。①

5. 精细化治理

在对城市基层治理进行改善和探索的过程中，"精细化管理"概念的提出与应用带来了新思路。"精细化管理"最早指的是在科学管理过程中强调对于"细节"的关注，并由此实现节约成本、增加收益的目标，是有效提升管理质量水平的一种企业管理理念、模式与文化，具有"责任明确化、规则具体化、手段科学化、运行标准化"等特征。该理念被引入城市管理领域形成"城市精细化管理"理念。城市精细化管理可以定义为政府及其工作人员秉持精细化理念，基于对服务型政府的价值理解与对公共事务的性质衡量，协同多元主体，通过精巧的制度设计、细致的过程推进和精微的治理技术运用，综合利用精准目标、具体规范、数字信息等工具实现公共资源在城市领域内的高效利用，弹性回应城市发展过程中的各方需求与整体环境变化，不断进行主体自我完善并提升服务水平的一种管理模式。② 衡量一个城市的精细化管理水平，更主要的是看一般区域、一般项目管得好不好，不能领导关注的、重点项目和重点区域管得不错，而一些一般项目、一般区域精细化管理水平却不高。③

① 岳金柱，武剑，董欣，王卫峰. 新时代北京社会动员的总体思路［J］. 社会治理，2019，8：75–76.

② 王刚，赵思芳. 从网格化到路长制：城市基层治理精细化中的制度超越与模式创新［J］. 河南社会科学，2020，8：94.

③ 应勇. 城市精细化管理要着力法治化［N］. 人民日报，2017–07–21（05）.

三、当前城市基层治理体系面临的问题及影响因素分析

（一）当前城市基层治理体系建设面临的任务与挑战

1. 当前城市基层治理体系面临的挑战

（1）从所处的外部环境看需要应对"五化"交集的多种挑战

中国城市正经历着工业化、城市化、市场化、全球化、智慧化一体并进的变革过程，城市社会呈现出前现代、现代、后现代叠加的复杂场景，使城市基层治理面临着更多挑战与更高要求。当前，以数字化、网络化、智能化、绿色化为核心特征的新工业革命，不断突破着人类自身局限与资源环境瓶颈，大量新的思想、技术、工艺、产品、服务、要素、设施、组织、模式、市场应运而生，深刻地改变着人与人、人与物、物与物的关系，改变着城市基层治理的格局。人类进入 21 世纪，信息技术革命提速深化，信息化新技术促使人类的生产生活方式日益向"平台化"靠拢。"平台机制"不仅适用于企业组织，而且适用于社会组织和政治组织的运行与管理。城市基层治理的秩序与活力，需要广泛建立和利用平台机制，实现治理平台化。城市化既是衡量一个国家现代化程度的重要标志，也是 21 世纪中国城市发展的重要战略任务，随着城市化进程的快速发展，因人口空间集聚产生的各种城市治理问题急剧增加，这需要关注与城市化的高质量发展相关的城市基层治理品质问题。市场化是反映国家现代化程度的一个重要标志，经过 40 多年的改革开放，我国的社会主义市场体系初步形成，这同样需要在城市基层治理中正确处理政府与市场的关系。一方面要更好发挥市场在资源配置中的基础性作用，另一方面要防止市场机制下经济利益驱使个体急功近利、各自为政引发一系列社会问题。全球化已经把整个世界联结成一个"一荣俱荣，一损俱损"的"人类命运共同体"，全球化同样也给城市基层治理带来了传统城市社会所不曾有

过的风险。当然，城市基层治理所面对的"五化"并不是孤立地存在的，它们交集在一起进一步加大了城市基层治理体系建设所面临的挑战的严峻程度。

（2）从社会发展特征看需要应对"三高"叠加的多维挑战

从现阶段中国的社会转型而言，一个明显的趋势即是从一种计划经济时代的"单纯社会"向一种市场经济时代的"复杂社会"转型，社会已经呈现出高流动、高分化和高媒介的多维面目，对城市基层治理形成了巨大的适应困境。[①]工业化、城市化和市场化造成了大规模人口流动，大规模的人口流动会急剧加大流入地政府的管理服务需求。同时，对于科层制的政府来说，对大规模人口流动的动态社会更容易束手无策。因此，城市社会的高流动性造成了基层政府的"管理难"，是冲击城市基层治理能力的最为突出的社会转型因素。随着市场经济的不断发展，中国社会阶层结构的分化趋势已经相当明显。社会阶层高度分化背后的利益分化和观念分化同样对政府治理形成高度分化的治理诉求。社会中高层往往具有相当强的参与热情，对城市治理的要求高，但依照社会中高层偏好出台的城市管理标准的执法对象却往往是社会中低阶层，这就埋下了形成城市治理"执法难"的导火索。另外，中国社会已经转向媒体高度发达的高媒介社会，社会的运行高度受到新旧媒体的影响，特别是新媒体发展促使媒介使用更加普及化，越来越多的人通过新媒体完成各种形式的政治参与，舆论控制权呈现自动分散化和去中心化的特征，高媒介社会对城市基层治理构成前所未有的挑战。高流动、高分化和高媒介的共时性叠加进一步强化了社会的复杂化程度，放大了对城市基层治理形成的巨大"外溢效应"。

（3）从社会主要矛盾转变看需要应对"好不好"的高质量发展挑战

党的十九大报告中明确指出："中国特色社会主义进入新时代，我国社会主要矛盾已经转化为人民日益增长的美好生活需要和不平衡不充分的发展之间的矛盾。"不平衡不充分的表现就是从以前要解决"有没有"的问题到现在要解决"好不好"的问题，着力提升发展质量和效益，更好满足人民多方面日益增长的需要，更好促进人的全面发展、全体人民共同富裕。经过改革开

---

① 叶敏，王阳. 城市基层治理生态：恶化机理及修复路径——基于国家与社会双向共时性转型的思考 [J]. 地方治理研究，2017，1：55.

放 40 余年的发展，新时代我国社会主要矛盾的转化，意味着老百姓在物质需要上已经从追求"有没有"的基本"标配"转向解决更高质量层次"好不好"的"高配"了。同样，新时代的城市基层治理建设也存在发展不平衡不充分问题，有一个从"有没有"到"好不好"的高质量发展问题，这需要关注与城市化的高质量发展相关的城市基层治理品质问题。新世纪以来，在各种矛盾和利益冲突叠加的情况下，城市居民的诉求急剧增长且日趋多元化，基层治理问题日趋复杂，人民群众对基层治理的要求越来越高，城市基层治理发展不平衡、不充分涵盖了社会发展的多样化问题，是关系全局的历史性变化，对城市基层治理体系建设提出的全新挑战。解决当前城市基层治理体系建设"好不好"的挑战，实现城市基层治理体系的优化和完善，要突出问题导向，找准突出问题及其症结所在，因地制宜、有的放矢，针对人民群众关心的事情入手，切实提升人民群众的获得感、幸福感、安全感。

2. 当前城市基层治理体系建设的主要任务

在新时代全面深化改革总目标"完善和发展中国特色社会主义制度，推进国家治理体系和治理能力现代化"的总体框架下，当前城市基层治理体系建设的核心任务是实现城市基层治理体系和治理能力的现代化，通过重心下移和强化基层，将中国特色社会主义制度的制度优势转化为城市基层治理的效能。

（1）城市基层治理体系建设面临的任务

① 从全面正确履行政府职能的高度，推动国家治理重心下移

2013 年《中共中央关于全面深化改革若干重大问题的决定》提出，"全面正确履行政府职能。进一步简政放权，深化行政审批制度改革，最大限度减少中央政府对微观事务的管理，市场机制能有效调节的经济活动，一律取消审批，对保留的行政审批事项要规范管理、提高效率；直接面向基层、量大面广、由地方管理更方便有效的经济社会事项，一律下放地方和基层管理。"①2018 年《中共中央关于深化党和国家机构改革的决定》进一步将其精细化为："推动治理重心下移，尽可能把资源、服务、管理放到基层，使基层有人有权有物，保证基层事情基层办、基层权力给基层、基层事情有人

① 中共中央关于全面深化改革若干重大问题的决定［N］. 人民日报，2013-11-16（01）.

办。"①2019 年《中共中央关于坚持和完善中国特色社会主义制度 推进国家治理体系和治理能力现代化若干重大问题的决定》中重申："推动社会治理和服务重心向基层下移，把更多资源下沉到基层，更好提供精准化、精细化服务。"②可见，重心下移特别是向基层下移将是今后一段时期内国家全面深化改革的重点。但是，在实践中必须要推动治理重心的有效下移。也就是说，治理重心下移不应该是为了下移而下移，不能仅仅是治理事务与治理责任等"事"的下沉，还应该是管理与服务力量、管理权力等"权"的下沉。

②强化基层治理能力，完善城市社区治理体系

2016 年的《中共中央 国务院关于进一步加强城市规划建设管理工作的若干意见》明确提出："落实市、区、街道、社区的管理服务责任，健全城市基层治理机制。进一步强化街道、社区党组织的领导核心作用，以社区服务型党组织建设带动社区居民自治组织、社区社会组织建设。增强社区服务功能，实现政府治理和社会调节、居民自治良性互动。"③2017 年 6 月《中共中央 国务院关于加强和完善城乡社区治理的意见》进一步从充分发挥基层党组织领导核心作用、有效发挥基层政府主导作用、注重发挥基层群众性自治组织基础作用和统筹发挥社会力量协同作用四个方面提出健全完善城市社区治理体系的具体要求。特别是细化为："推动街道（乡镇）党（工）委把工作重心转移到基层党组织建设上来，转移到做好公共服务、公共管理、公共安全工作上来，转移到为经济社会发展提供良好公共环境上来。""按照条块结合、以块为主的原则，制定区县职能部门、街道办事处（乡镇政府）在社区治理方面的权责清单；依法厘清街道办事处（乡镇政府）和基层群众性自治组织权责边界，明确基层群众性自治组织承担的社区工作事项清单以及协助政府的社区工作事项清单；上述社区工作事项之外的其他事项，街道办事处（乡镇政府）可通过向基层群众性自治组织等购买服务方式提供。建立街道办事处（乡镇政府）和基层群众性自治组织履职履约双向评价机制。"④申明了

① 中共中央关于深化党和国家机构改革的决定［N］. 人民日报，2018-03-05（01）.

② 中共中央关于坚持和完善中国特色社会主义制度，推进国家治理体系和治理能力现代化若干重大问题的决定［N］. 人民日报，2019-11-06（01）.

③ 中共中央 国务院关于进一步加强城市规划建设管理工作的若干意见［N］. 人民日报，2016-02-22（06）.

④ 中共中央 国务院关于加强和完善城乡社区治理的意见［N］. 人民日报，2017-06-13（01）.

街道在城市基层治理体系中的核心地位，通过深化街道管理体制改革，全面提升城市基层的党建、治理、服务能力。

③ 从基层机构设置和权力配置入手，构建简约高效的基层管理体制

从改革的系统性、整体性、协同性出发，紧紧围绕组织群众和服务群众的能力提高这个核心，完善基层机构设置和权力配置。这是国家治理重心下移的一个具体体现，是实现管理与服务下沉的具体方式，推动重心下沉应当充分结合街道的职能定位。2018 年的《中共中央关于深化党和国家机构改革的决定》明确提出："构建简约高效的基层管理体制。加强基层政权建设，夯实国家治理体系和治理能力的基础。基层政权机构设置和人力资源调配必须面向人民群众、符合基层事务特点，不简单照搬上级机关设置模式。根据工作实际需要，整合基层的审批、服务、执法等方面力量，统筹机构编制资源，整合相关职能设立综合性机构，实行扁平化和网格化管理。""上级机关要优化对基层的领导方式，既允许'一对多'，由一个基层机构承接多个上级机构的任务；也允许'多对一'，由基层不同机构向同一个上级机关请示汇报。明确政策标准和工作流程，加强督促检查，健全监督体系，规范基层管理行为，确保权力不被滥用。推进直接服务民生的公共事业部门改革，改进服务方式，最大限度方便群众。"①

④ 加强和改进基层党的建设，提升党组织领导下的城市基层治理水平

城市基层党组织是党在城市全部工作和战斗力的基础。《中共中央 国务院关于加强基层治理体系和治理能力现代化建设的意见》强调："各级党委和政府要加强对基层治理的组织领导，完善议事协调机制，强化统筹协调，定期研究基层治理工作，整体谋划城乡社区建设、治理和服务，及时帮助基层解决困难和问题。"②2019 年 5 月，中共中央办公厅印发的《关于加强和改进城市基层党的建设工作的意见》提出，"深化街道管理体制改革，优化机构设置和职能配置，充分发挥街道党（工）委统筹协调各方、领导基层治理的作用。""加强对社区的工作支持和资源保障，统筹上级部门支持社区的政策，整合资金、资源、项目等，以社区党组织为主渠道落实到位。""街道党（工）

---

① 中共中央关于深化党和国家机构改革的决定［N］. 人民日报，2018–03–05（01）.

② 中共中央 国务院关于加强基层治理体系和治理能力现代化建设的意见［M］. 人民出版社，2021：12.

委抓好社区党建，统筹协调辖区内各领域党建工作，整合调动各类党建资源，强化'龙头'带动；社区党组织落实上级党组织部署的各项任务，兜底管理辖区内小微企业和社会组织党建工作。""在社区党组织领导下，以社区居民委员会和居务监督委员会为基础，完善协同联动的社区治理架构。""将党支部或党小组建在网格上，选优配强党支部书记或党小组组长，建强专兼职网格员队伍，随时随地了解群众需求和困难。""综合区位特点、人群特征、服务半径等因素，整合党建、政务和社会服务等各种资源，统筹建设布局合理、功能完备、互联互通的党群服务中心，打造党员和群众的共同园地。重点依托街道、社区综合服务设施建好街道、社区党群服务中心（站点），区（县、市、旗）有关部门要把服务窗口下移到街道、社区，推行'一站式'服务和'最多跑一次'改革，让党员群众在家门口就能找到组织，享受便利服务。"①

⑤ 加强基层民主，完善群众参与基层治理的制度化渠道

党的十九大报告指出："巩固基层政权，完善基层民主制度，保障人民知情权、参与权、表达权、监督权。"2013年《中共中央关于全面深化改革若干重大问题的决定》提出要发展基层民主，"开展形式多样的基层民主协商，推进基层协商制度化，建立健全居民、村民监督机制，促进群众在城乡社区治理、基层公共事务和公益事业中依法自我管理、自我服务、自我教育、自我监督。"②2019年《中共中央关于坚持和完善中国特色社会主义制度　推进国家治理体系和治理能力现代化若干重大问题的决定》进一步强调"构建基层社会治理新格局""完善群众参与基层社会治理的制度化渠道。健全党组织领导的自治、法治、德治相结合的城乡基层治理体系，健全社区管理和服务机制，推行网格化管理和服务，发挥群团组织、社会组织作用，发挥行业协会商会自律功能，实现政府治理和社会调节、居民自治良性互动，夯实基层社会治理基础。"③特别是"完善正确处理新形势下人民内部矛盾有效机制。坚持和发展新时代'枫桥经验'，畅通和规范群众诉求表达、利益协调、权益保障通道，完善信访制度，完善人民调解、行政调解、司法调解联动工作

---

① 关于加强和改进城市基层党的建设工作的意见［N］. 人民日报，2019-05-09（04）.

② 中共中央关于全面深化改革若干重大问题的决定［N］. 人民日报，2013-11-16（01）.

③ 中共中央关于坚持和完善中国特色社会主义制度，推进国家治理体系和治理能力现代化若干重大问题的决定［N］. 人民日报，2019-11-06（01）.

体系，健全社会心理服务体系和危机干预机制，完善社会矛盾纠纷多元预防调处化解综合机制，努力将矛盾化解在基层。"①

⑥ 切实为基层减负，增强基层社区服务能力

2015 年民政部、中央组织部印发的《民政部　中央组织部关于进一步开展社区减负工作的通知》（民发〔2015〕136 号）提出："按照国家法律、法规和地方性法规有关规定，以市（地、州、盟）为单位制定社区工作事项清单，实行社区工作准入制度。""以市（地、州、盟）为单位对社区工作实行综合考核评比，建立统一的考核评比指标体系，将各职能部门的工作指标一并纳入，各职能部门不再单独组织考核评比活动。""建立健全基层政府购买服务机制，逐步扩大购买服务资金来源和数量，拓展购买服务领域和范围，规范购买服务程序和方式，将适合采用市场化方式提供的公益性、专业性、技术性服务交由社会组织、企业等社会力量承担。积极培育发展社区社会组织，加快社区工作者队伍专业化建设，充分发挥社区的平台作用、社区社会组织的载体作用、社会工作专业人才的骨干作用，不断提升社区服务管理水平。加大财政保障力度，统筹整合各级各部门相关社区建设资金，重点保障社区工作经费、人员报酬、服务群众专项经费以及社区服务设施和信息化建设经费，更好地为群众提供精准有效的服务。"②

（2）城市基层治理体系创新面临的任务

2020 年 11 月中央全面深化改革委员会第十六次会议指出："基层是改革创新的源头活水，要注重激发基层的改革创新活力，支持开展差别化创新。"③ 总的来看，城市基层治理体系创新主要有两个方面，一个是制度机制创新，一个是技术工具创新。

① 城市基层治理体系制度机制创新

以制度机制为主要内容的城市基层治理体制是城市基层治理体系创新的重点，而加强和创新社会治理，关键在体制创新。2013 年《中共中央关于全

---

① 中共中央关于坚持和完善中国特色社会主义制度，推进国家治理体系和治理能力现代化若干重大问题的决定 [N]. 人民日报，2019-11-06（01）.

② 民政部、中央组织部关于进一步开展社区减负工作的通知 [N]，http://www.gov.cn/xinwen/2015-07/24/content_2902338.htm.

③ 全面贯彻党的十九届五中全会精神，推动改革和发展深度融合高效联动 [N]. 人民日报，2020-11-03（01）.

面深化改革若干重大问题的决定》从改进社会治理方式、激发社会组织活力、创新有效预防和化解社会矛盾体制三个方面提出了创新社会治理体制任务的同时，还提出了创新基层党建工作的任务[①]。2016年《中共中央　国务院关于进一步加强城市规划建设管理工作的若干意见》则从推进依法治理城市、改革城市管理体制、完善城市治理机制、推进城市智慧管理、提高市民文明素质提出了创新城市治理方式的任务[②]。2017年《中共中央　国务院关于加强和完善城乡社区治理的意见》进一步提出"以改革创新精神探索加强基层党的建设引领社会治理的路径"的具体任务[③]。2019年《中共中央关于坚持和完善中国特色社会主义制度　推进国家治理体系和治理能力现代化若干重大问题的决定》提出了"必须加强和创新社会治理，完善党委领导、政府负责、民主协商、社会协同、公众参与、法治保障、科技支撑的社会治理体系，建设人人有责、人人尽责、人人享有的社会治理共同体，确保人民安居乐业、社会安定有序，建设更高水平的平安中国。"[④]《中共中央　国务院关于加强基层治理体系和治理能力现代化建设的意见》提出："力争用5年左右时间，建立起党组织统一领导、政府依法履责、各类组织积极协同、群众广泛参与，自治、法治、德治相结合的基层治理体系，健全常态化管理和应急管理动态衔接的基层治理机制，构建网格化管理、精细化服务、信息化支撑、开放共享的基层管理服务平台"[⑤]。

② 城市基层治理体系技术工具创新

在城市基层治理体系创新中科技因素越来越受到重视，特别是互联网时代治理工具的智能化、智慧化。2019年10月，《中共中央关于坚持和完善中国特色社会主义制度　推进国家治理体系和治理能力现代化若干重大问题的决定》提出，"贯彻党的群众路线，完善党员、干部联系群众制度，创新互

① 中共中央关于全面深化改革若干重大问题的决定［N］．人民日报，2013-11-16（01）．
② 中共中央　国务院关于进一步加强城市规划建设管理工作的若干意见［N］．人民日报，2016-02-22（06）．
③ 中共中央　国务院关于加强和完善城乡社区治理的意见［N］．人民日报，2017-06-13（01）．
④ 中共中央关于坚持和完善中国特色社会主义制度，推进国家治理体系和治理能力现代化若干重大问题的决定［N］．人民日报，2019-11-06（01）．
⑤ 中共中央　国务院关于加强基层治理体系和治理能力现代化建设的意见［M］．北京：人民出版社，2021．

联网时代群众工作机制，始终做到为了群众、相信群众、依靠群众、引领群众，深入群众、深入基层。"① 要提高城市治理水平，就要推动治理手段、治理模式、治理理念创新，特别是加快建设智慧城市，率先构建经济治理、社会治理、城市治理统筹推进和有机衔接的治理体系。一流城市要有一流治理，要注重在科学化、精细化、智能化上下功夫。城市基层治理体系和治理能力现代化需要运用大数据、云计算、区块链、人工智能等前沿技术推动城市管理手段、管理模式、管理理念创新，从数字化到智能化再到智慧化，这是推动城市治理体系和治理能力现代化的必由之路，《中共中央　国务院关于加强基层治理体系和治理能力现代化建设的意见》提出："实施'互联网＋基层治理'行动，完善乡镇（街道）、村（社区）地理信息等基础数据，共建全国基层治理数据库，推动基层治理数据资源共享，根据需要向基层开放使用。完善乡镇（街道）与部门政务信息系统数据资源共享交换机制。推进村（社区）数据资源建设，实行村（社区）数据综合采集，实现一次采集、多方利用。""加快全国一体化政务服务平台建设，推动各地政务服务平台向乡镇（街道）延伸，建设开发智慧社区信息系统和简便应用软件，提高基层治理数字化智能化水平，提升政策宣传、民情沟通、便民服务效能，让数据多跑路、群众少跑腿。充分考虑老年人习惯，推行适老化和无障碍信息服务，保留必要的线下办事服务渠道。"②

（二）当前城市基层治理体系建设与创新存在的问题

1. 当前城市基层治理体系建设存在的问题

（1）城市基层治理体系结构上尚需进一步合理化

城市基层治理结构中所包含的国家与街居的纵向运行和街居内部的横向联系均出现障碍，一方面在纵向结构上街道办事处的职能定位始终未能明确，

---

① 中共中央关于坚持和完善中国特色社会主义制度，推进国家治理体系和治理能力现代化若干重大问题的决定 [N]. 人民日报, 2019-11-06 (01).
② 中共中央　国务院关于加强基层治理体系和治理能力现代化建设的意见 [M]. 北京：人民出版社, 2021: 11.

另一方面在横向结构上街道与社区在运行层面的关系也较为随意，这些都成为困扰城市基层治理体系建设的体制性难题。具体体现在城市基层治理实践中，长期以来存在党务工作与基层治理"两张皮"、部门治理与属地管理协同性不强、数据壁垒与治理智能化要求不匹配等"碎片化问题"。①

① 纵向结构上，条块之间的协作联动关系仍未形成

在纵向结构上，自上而下的政府统一管理使基层街道、乡镇缺乏应有的活力和灵活性，妨碍了公共服务的供给与递送，影响了他们的幸福感。近年来，城市基层行政体制改革的重点是强化属地管理，将责任层层延伸到社区，国家对基层社会的治理能力不断加强。社区党建引领下的"吹哨报到"机制借助党的权威，在"条块"关系整合方面取得了突破，较为有效地理顺了区级职能部门、街道、社区的角色。但是，街道办事处、社区组织与上级管理机关特别是区级管理机构之间条块上的"相互埋怨"及"互不配合"等问题仍然在城市基层治理中普遍存在。同时，由于街道、社区的改革探索缺乏区级层面的综合配套改革，区、街双轨制在运行过程中出现体制衔接不畅、行政界限不清、职责分工不明的问题。社区层面则出现多头管理、角色功能混乱。因此，提升基层治理能力需要充分发挥条与块的长处并有效规避其短处，区域化党建以及相应的党政联席会议制度框架下，加强街道与政府职能部门在基层重要公共事务上的信息共享和决策过程共享，建立互助互信的关系。街道在作出重要决策时，应当邀请政府职能部门及其派出机构参与。街道也可以适时召集由政府职能部门及其派出机构参加的联席会议，协调解决辖区公共事务。

② 横向结构上，基层治理主体的双向建构依然任重道远

横向结构中，街道办和社区之间的关系是城市基层治理的症结所在。中国城市基层治理具有社会自治和政权建设的"双向建构"特征，但是与社区建设相比，基层管理体制改革却严重滞后，存在职能缺位和越位现象。在城市基层治理体系政府过程中，街道办事处、社区居民委员会的权力与责任界定依然不够明晰，它们承接了过多上级政府与职能部门下派的职责，街道办事处作为区政府的"腿"、社区居民委员会作为街道办事处的"腿"的局面

---

① 陈文. 城市基层治理亟须破解"碎片化"问题［J］. 国家治理，2020，2：13-17.

没有发生实质性改变，导致基层治理效能不高；同时，街道与社区治理载体单一，主要依靠街道办事处和社区居民委员会，驻区单位及市场化的社会组织参与社区共建的动力不足，导致治理资源分散、不易整合；居民委员会委员、服务站专干交叉任职，角色分工不清晰，工作任务权责不明、边界不清；专干间出现职能交叉、工作重复、忙闲不均、多头管理等问题。这些造成地方实践中的诸多模式，例如撤销街道，居民委员会与社区工作站职责分离等，绝大多数未能发展为长效机制，也没有在优化政府权责配置方面取得明显突破。形式主义之所以能够在一些地方发挥影响，就是因为基层工作中的权责匹配问题没有得到有效解决。作为执政党在城市基层进行社会动员和整合的主要载体，社区党委与居民委员会之间已经形成了明确的领导与被领导关系。而在实践中社区党委的制度性权力却十分有限，这是因为社区党员的"组织关系"主要在工作单位的党组织中，造成社区党委对党员的约束力十分有限；同时，业主委员会、社区公益组织等新兴组织力量对原有的社会整合格局形成了巨大的冲击，以党建推动社区治理制度向效能转化存在困境。具体表现在：一是街道办事处指导下的社区居民委员会，对自身行政服务和管理的范围没有制定明确的制度规范，容易造成管理缺位或越位的现象；二是社区内的市、区属机关和企事业单位，分别按各自指令行事，与社区之间的关系缺乏有效的政策和法律依据，往往造成社区事务相互推诿扯皮；三是社区管理运行尚未形成行之有效的监督机制，难以制约一些权力集中部门的工作。

（2）城市基层管理体制改革仍然严重滞后

① 街道办事处权责关系不够匹配

从体制设计的初衷来说，街道办事处作为区（县、市）政府的派出机构，是连通政府与社会的重要桥梁和渠道，其介于政府组织与社区组织之间的身份定位，正是城市街道办事处作为一种组织形式的主要优势所在。当前治理重心下移的一个重点正是力图充分利用这一优势，向街道充分赋权、赋能，能让街道既"看得见"也"管得了"。但是，在具体实践中给街道办事处赋哪些权，赋权给街道办事处的职能如何处理，还没有形成一个成熟的体系。一方面，赋权并不意味着上级政府和职能部门随意把本属于自己的事情交给街道办事处；另一方面，赋权给街道办事处的职能，哪些是街道必须自己处理的，哪些是可以由相关公共事业单位或市政企业或其他企业可以提供的公共服务，这些都有一个消化的过程。另外，街道赋权与基层减负形成了叠加效应。基层赋权主要是减了区级职能部门的职能，基层减负主要是减了社区居民委员会的负担。上下齐减都压在了中间的街道办事处身上，而街道办事处总体能力有限，由于权力、资源、人手、技术等方面的限制，面对任务的急剧增加，治理效能低下，更多的是被动完成任务，很难主动进行社区治理创新的探索，大量的事情无法在基层得到圆满解决。北京 2020 年计划第一批将下沉 13 个部门 16 类约 24 万名协管员到街道，解决街道人手不够问题。[1]在街道办事处体制建设方面，党政机构设置总量不宜太多，既有利于履行职能，又要便于服务群众。另外还要进一步完善街道人大工委制度。街道人大工委设立基本上采取的是由上级机构决定设立的"自上而下"路径。街道事务作为区（县、市）事务的一部分，形式上通过区（县、市）人大代表会议进行重要问题的决策，由区（县、市）政府委托街道办事处和其他派出机构执行，从治理的合法性与效率来看，街道范围内的事务最好应当由街道辖区产生的人大代表组成某种代议机构来进行讨论与决策比较合适。

②社区治理服务能力有待提升

社区治理体系建设的发展关系着居民的幸福感和收获感能否真正落地。近年来，社区建设和社区治理得到很大程度加强，各地积极探索社区治理新模式、新方法。但在此过程中，也暴露出一些短板和弱项：目前城市社区治理主体陷入角色迷失，社区治理体制机制还不健全，社区治理动力转换还不充分，社区资源配置还不到位[2]；社区建设中"重区轻社"，社区治理中"区强社弱"甚至"有区无社"[3]。一些社区的党组织、居民委员会和服务站为同一套领导班子，在工作中处于融合状态，主要精力是用来处理政府部门交办的各项行政管理事务，没有更多精力倾听并满足居民需要。而居民委员会应承担的矛盾化解、诉求反映等职能，以及便民服务中心应承担的行政事务管理等职能没有得到充分发挥，发生角色迷失，存在缺位和错位现象。社区成员之间缺少交往交流、缺少相互关心和帮助，缺少社区共同体意识，对社区事

① 金可. 今年全市启动 300 个楼门院治理试点［N］. 北京日报，2020-01-14（10）.
② 杨军剑. 城市社区治理效能的整体提升及优化路径探析［J］. 学习论坛，2019，8：85.
③ 龚维斌. 加强和创新基层社会治理［N］. 光明日报，2020-09-18（15）.

务和活动参与度不足，对社区的认同感、归属感不强等。① 一些新建社区规模相对偏大，目前，北京市 3000 户以上的社区就达到 625 个，占全市社区总数的将近 1/5。2020 年，将按"管得住、服务得好"的标准，重点对其中 82 个 5000 户以上的超大社区进行拆分。同时，将在全市启动 300 个楼门院治理试点，这项工作已经列入了 2020 年度政府为民办实事项目。要把社区治理的组织体系，从社区居民委员会进一步延伸到楼门院，缩小治理的范围，以楼门院为单位开展服务和管理。② 另外，当前的社区治理仍然存在较强的行政化，一是在地理范围上城市社区与行政区划基本重合，二是在日常运作过程中社区的一切项目、活动和事业都离不开基层政府。另外，在社区治理实践中存在一种忽视行政化带来基层治理能力提升的客观事实，对行政化的副作用——社区负担过重——过度重视的现象，并进行了"权力清单""居站分设""三社联动"等去行政化改革的探索。然而，"基层社区工作行政化倾向过重问题并未发生实质性改善，反而在某种程度上增加了基层社区工作成本，限制了治理能力增效。"③

（3）制度机制有待进一步完善

① 党建引领机制需要增强整合能力

社区党建和社区治理在目标、主体、内容、制度等方面有很大的交叉与重叠，因此在城市基层治理体系建设中，基层党建与社区治理需要融合发展。但是，在当前社会自主化、流动化、碎片化的趋势下，城市基层治理实践中基层党组织建设与社区治理之间普遍存在隔离现象，基层党组织在社区治理中被边缘化，政治功能弱化、组织力不强、领导力下降。社区肩负着发展基层民主和推动社会整合的双重使命，这需要党建的强有力引领和高度的包容性，也需要完善的社区结构组织和积极有效的参与能力，二者缺一不可。改革开放以来，社区已经取代单位，成为执政党在城市基层进行社会动员和整合的主要载体。然而城市基层治理的现实是，社区党委的制度性权力十分有限。这是由于大部分社区党员的"组织关系"在工作单位的党组织中，一方

---

① 龚维斌. 加强和创新基层社会治理 [N]. 光明日报，2020-09-18（15）.

② 金可. 今年全市启动 300 个楼门院治理试点 [N]. 北京日报，2020-01-14（10）.

③ 苗延义. 能力取向的"行政化"：基层行政性与自治性关系再认识 [J]. 社会主义研究，2020，1：87.

面社区党委对党员缺乏约束力，另一方面党员也普遍缺乏参与社区公共事务的动力和意愿，造成社区两委在社区治理中的角色缺位和失位，损害了党的执政合法性基础。如何突破基层党建与社区治理融合过程中的矛盾，实现二者的有机融合与良性互动，是当前党建引领机制在城市基层治理体系建设亟待解决的问题。

② 权责清单制度需要实现无缝对接

2017 年 6 月发布的《中共中央　国务院关于加强和完善城乡社区治理的意见》明确指出："按照条块结合、以块为主的原则，制定区县职能部门、街道办事处（乡镇政府）在社区治理方面的权责清单。"[1]权责清单制度是中国划定政府权力边界，约束行政权力，解决政府权责不对等、权责不公开、权责不明晰等问题的制度化尝试，是中国试图给出的建构现代政府的重要方案。[2]加强权责清单建设的目的是规范街道与政府职能部门的关系，推动条块关系的规范化，从而为"条块结合、以块为主"的政府主导型社区治理体制的成熟定型打下基础。通过权责清单制度可以厘清城市政府职能部门、街道办事处、社区机构在城市基层治理中的角色定位和工作重点，充分发挥分工协作的作用。在专业管理方面发挥城市政府职能部门"条"的长处，街道、社区等"块"予以配合；在统筹综合管理方面发挥街道、社区等"块"的优势，同时城市政府职能部门"条"积极配合。这就使权责清单制度成为城市基层治理体系建设与创新的关键环节，它不是上级职能部门简单甩锅给街道，而是以组织职能架构为基础，以具体工作为依托，将基层治理职责落实到具体责任人。因此还需要在街道权责清单建设的基础上，进一步创新和综合利用多种机制，形成"条块结合、以块为主"的基层治理行动体系，进一步加强条块之间的协作联动、无缝对接，优化和提升基层治理能力。

③ 网格化治理机制需要强化人的内涵

网格化治理作为一种"技术化"治理形式，过分强调技术的形式，可能会耗费更多的治理资源，使得功能与目标偏离价值，造成基层治理体制内在的结构性紧张。网格化治理需要良好的技术条件作为支撑，还需要一整套规

---

① 中共中央　国务院关于加强和完善城乡社区治理的意见［N］. 人民日报，2017-06-13（01）.
② 唐亚林，刘伟. 权责清单制度：建构现代政府的中国方案［J］. 学术界，2016，12：32.

范、健全甚至繁琐的流程去保证目标的实现，造成大量的人力和物力投入，近年来网格化管理的成本直线上升就是其具体体现。当前网格化管理过分强调标准化，因此网格化治理尤其是网格的划分需要充分体现社区本身所具有的差异性，结合社区的风俗习惯、人口结构、历史传统、经济水平等因素，在网格管理制度、政策特别是对网格化管理绩效的考核标准的设计上都要体现出不同网格的差异性，以防止产生形式主义等各种弊端。网格化治理机制遵循"属地管理"的原则，仍然是以等级为核心的科层制结构，这种结构的核心逻辑是层层分解任务和目标，使得复杂问题处理简单化、系统问题解决线性化，加剧了治理"割裂化""碎片化"。完善基层社会治理体系，需要进一步明确网格化管理的功能定位，明晰网格化管理的职权范围，将网格化管理定位在维护基层社会秩序和提供便民服务上。

2. 当前城市基层治理体系创新存在的问题

推动城市治理体系和治理能力现代化，要推动城市管理手段、管理模式、管理理念的创新，在我国的城市基层治理体系创新中，"下沉式"战略和赋予基层更多调动权力是主基调。但是当前城市基层治理体系创新与实践需求仍然存在一定的差距。

（1）从治理理念上，主动性、差异化、精细化意识有待加强

当前城市基层治理体系创新中，占主导的问题导向思维主要是一种奔着社会问题去的思维，与中央要求的奔着社会需求去的问题导向思维有较大的差距，主要的区别在于它是被动性的，而不是主动性的，具有明显应急性。这种问题导向思维与基层治理中很有市场的"不出事"思维有很强的联系，正是这种"不出事"思维为形式主义的滋生提供了土壤。同时，基层治理与个体的人直接相关，而作为个体的人差异化特征十分明显、复杂多变，这就要求基层治理要保持弹性化特征，需要情与理等社会机制的相互支撑和强化的多元治理方式，需要治理主体具有较强的精细化服务意识。但是当前的城市基层治理服务供给却出现服务对象不精准、服务评价标准不明晰、服务监督不完善、公共服务不充分等问题，导致人民群众参与感和归属感不足。另外，当前的城市基层治理创新更突出利用新技术工具的技术治理逻辑，更易于偏向形式主义，而对以人为本基础上的价值创新重视不够。这是因为智能

技术从外部的介入，往往会对社区自身的治理方式具有比较明显的挤出效应，导致传统的社区合作精神和契约精神逐渐丧失，明显降低了基层治理的弹性，因此要在引入智能技术时增强其"细致入微"的服务属性"新思维"。最后，社区对社会的再组织化不是简单地"去行政化"，而是激活城市社会微观单元的活力。

（2）基层治理模式上的行政化、属地化、空心化降低了创新的有效性

当前城市社区治理模式的行政化痕迹明显，科层结构与水平结构、委托与代理、给予和参与存在张力，靠行政推动力整合社会力量的方式很难吸引居民自觉参与，使政府面临如何管理好社会参与网络的新的风险与挑战。同时，社区治理缺乏相应的政策支持，很多条例过于笼统，执行起来难度较大，而政策间也缺乏有效衔接，这为注重细节管理的社区治理带来了很多困难。另外，由于社区与大量居民之间缺乏有效的组织联系和社会连接，对多数居民而言，社区仍然不是他们社会公共连接的重要环节，对于中青年职业人群来说，工作联络网和线上社交网的重要性都超过了所居住的社区。虽然社区取代单位，成为执政党在城市基层进行社会动员和整合的主要载体，但是社区党委和居民委员会在实践中不具备单位制时代"控制—依赖"模式下的资源调动和社会整合能力，加剧了社区空心化。目前党中央已从宏观层面对基层党建引领社区治理创新作了一系列制度安排，但在具体实践中未达到预期目的，究其原因主要是党建和治理之间存在分化，基层党建与社区治理的双向失衡反映出新时代社区治理创新面临着多重困境，制度无法通过有效执行转化为治理效能。街道和社区下面的网格化治理模式中，基层社会事务的解决都在遵循"属地管理"的原则，并未打破职能式的科层制结构，层层分解任务和目标带来的分割效应使得复杂问题处理简单化、系统问题解决线性化，加剧了治理"碎片化"的可能。还应引起注意的是，当前城市基层治理体系创新中采用的"试点—扩散"模式和基层治理锦标赛模式等做法，往往在经济领域更容易成功，在社会治理领域却相对式微[①]，基层治理锦标赛过于强调创新本身的特点导致治理创新存在一定的排他性，缺乏横向学习机制，创新

---

① 韩博天. 中国异乎寻常的政策制定过程：不确定情况下反复试验［J］. 开放时代，2009，7：41–48.

经验难以扩散①。

（3）治理手段上技术化、物化取向造成治理创新的过度工具化

当前城市基层治理体系创新在手段上存在技术化、物化与以人为本之间的巨大张力。互联网、大数据、区块链等技术手段是提升城市治理精细化水平，实现城市社会治理善治的重要途径。无论是在网格化治理还是智慧城市建设，通过"技术嵌入"的形式，实现了对城市治理问题的精准判断、精准锁定和精当处理，提升了城市基层治理效率。但值得关注的是，以技术化推动治理体系现代化，并不代表治理能力现代化。因为技术往往表现出极强的"非人情化特征"，虽然可以影响社会管理创新的发展空间，却无法决定社会管理的成功与失败。一方面，"技术化"治理会造成治理目标的异化，当前的基层治理主管部门把工作重心放在"查"（查台账）"审"（审报告）"看"（看现场）的考评方式，使实际工作偏离了基层治理的实质目标。上级布置的工作指令过多、规则过细、要求过严，每项工作都有标准和指标，每个任务都有细则，动辄"死命令、严要求"。过度技术化的政策过程挫伤了基层干部工作的热情和积极性，束缚了他们的手脚和创造力②。从网格化管理的具体操作过程来看，数量庞大的个体被简化为一个个抽象的代码和符号，保证了精确和高效，但也导致了对社区自身的治理方式非常明显的挤出效应，使传统的社区合作精神和契约精神逐渐丧失。因此，在城市基层治理体系创新中，需融合地方性社会实践，即立足地方性结构场域，需要充分考虑和尊重治理的社会基础③。

（三）影响因素

当前城市基层治理体系建设与创新的影响因素主要体现在权力、资源、人手、技术四个方面，这四个方面直接影响着城市基层治理体系的建设与创新的成效和进一步发展。

---

① 陈家喜，汪永成. 政绩驱动：地方政府创新的动力分析［J］. 政治学研究，2013，1：50-56.
② 黄新华. 基层干部"工具化"倾向的治理之道［J］. 人民论坛，2020，09（下）：49.
③ 石伟. 找回"米提斯"：网格化治理中的技术理性与场域耦合［J］. 宁夏社会科学，2020，3.

1. 权力方面因素

"加强行政集权始终体现在基层政权组织结构的设计过程始终"[①]。城市基层治理的最基本特征就是与人面对面直接打交道，而人作为个体最明显的特征就是差异化，从而造成人的需求更加多元化和复杂化，这就要求具体的城市基层治理也要像绣花一样又精又细，但是应对这些具体需求的城市基层治理又时常受制于资源、体制和规则的约束。如在城市基层治理创新的最新体现"接诉即办"机制中，12345市民服务热线多数诉求主要体现在街区层面，需要在街区层面处理，但现实情况却是街区治理资源缺乏、治理依据少、治理能力弱等权力方面问题成为解决这些问题的主要制约因素。因此，要使城市基层治理取得良好效果，就要从城市基层治理体系的权力调整上入手，强化城市基层治理权力的弹性化特征。最重要的工作就是在明晰各层级政府应该承担职责的基础上，该上收的上收，该下放的真正下放。明确列出政府职能部门、街道办事处、社区机构各自的职责清单，实化街道办事处职权，把属于街道办事处承担的职责如管理、服务居民群众等下放给街道，淡化街道办事处的经济职能，强化其社会服务功能，回归其职能应该的本位。城市政府职能部门未经政府办公会或常委会讨论，不得擅自将自己职责范围内的公共事务通过行政委托或自发文件的方式转嫁给街道办事处。

2. 资源方面因素

一方面，我国城市基层治理体系中的街道和社区普遍面临资源匮乏、配套支持难以满足社区治理需要的困境：街道办事处没有独立的财政预算体系，一旦"条条"管控的财政资金拨付不及时、不到位，街道就面临"无米下锅"的窘境；社区建设的一切项目、活动和事业，都离不开基层政府的策划、组织、资助乃至操办。另一方面，随着"反哺"时代的来临，资源开始以项目运作的方式大量进入基层，但项目制的资源运作机制中，"一事一议""专款专用"的强激励机制促使基层治理主体更多转向"选择式治理"；项目资源

[①] 董娟. 存与废：我国街道办事处改革之争——行政派出模式的一种审视 [J]. 西北工业大学学报（社会科学版），2012，3：9–13.

内含的经济属性和政治属性，使基层治理领域成为资源攫取和社会矛盾爆发的焦点。

3. 人手方面因素

城市基层治理问题错综复杂，人民群众对基层治理的要求越来越高，迫切需要城市基层治理工作者是具备复合工作能力的"多面手"。但由于历史原因，一些街道办事处工作人员文化水平与基层治理要求存在一定差距，素质良莠不齐，在年龄结构上偏向老化，思想观念和工作方式上也都有需要提升的空间；另一方面，年轻干部与群众打交道的实践经验不足，在进行群众工作时表现得力不从心。另外，城市基层尤其是社区晋升渠道窄、空间小，也造成基层人才流失较为严重。居民委员会在相当长一段时期内只是"查漏补缺"的作用，工作对专业化要求不高，从业者主要是退休人员、下岗职工、家庭妇女等，专业人员和管理人员比例偏低，面对社区各项功能社会化服务显得心有余而力不足。同时，社区工作人员工作强度很大，但工资薪酬却普遍偏低，吸引不了高素质人才，社区工作者队伍青黄不接。不仅如此，特大城市基层治理的最大挑战，还在于人手不够。即使特大城市网格化治理机制网格划分再细、再密，但是缺少人的站岗，都会变成"漏网"。另外，在各种矛盾和利益冲突叠加的情况下，少数基层干部在工作中生硬理解政策，机械执行政策，存在落实僵化、创造退化、思路老化等政策执行的"工具化"倾向，干部"工具化"使基层治理效果大打折扣。[1]

4. 技术方面因素

将技术尤其是智能化技术引入城市基层治理体系的建设与创新过程，一方面确实使基层治理服务更加精准、治理能力更强，使基层治理的基础更加坚实；另一方面也使基层治理处于更多的问题和压力之下，使基层治理的刚性化变强，激发了正反两面的效应。首先，智能技术的运用，不仅强化了国家治理体系对自上而下的治理路径依赖，也强化了高层级治理主体的普遍性治理任务在城市基层治理体系中的主导作用，但普遍性问题与基层实际中的

---

① 黄新华. 基层干部"工具化"倾向的治理之道 [J]. 人民论坛，2020，09（下）：49.

个性化需求相差甚远。其次，智能技术提高了治理体系的效率，增强了治理体系的透明度，压缩了基层的自由裁量空间，也加大了基层所受到的压力；最后，智能技术放大的是基层问题分析一端的能力，但对亟待增强的解决问题能力提升有限。另外，各种官僚主义借着政务电子化、管理电子化实现了"华丽转身"，并形成了电子形式主义，当前在基层出现的大量形式主义，正是电子化的形式主义。上级的组织和部门，既然已把各项工作和任务通过电子官僚主义的方式布置和传达给下级组织和部门，以后的组织责任便是各种各样的检查验收和考核评比，这同样是通过电子官僚主义的方式完成的。[①]可以说，智能技术的引入，在一定程度上降低了基层治理的积极性和能动性，削弱了基层治理本身的优势，导致治理绩效的降低。

---

① 周少来. 借政务电子化、管理电子化实现"华丽转身"——警惕电子化的形式主义官僚主义 [N].
北京日报，2020-11-02（10）.

四、城市基层治理体系建设与创新取得的经验与案例分析

党的十八大以来，各地在城市基层治理体系建设和创新方面进行了大量的探索与实践，取得了一系列的成果。其中浙江在新时代"枫桥经验"的进一步创新探索、上海的"马桥经验"和北京的"吹哨报到，接诉即办"等，都具有鲜明的地方特色，从不同侧面显示了新时代城市基层治理体系建设与创新的最新成就。

（一）城市基层治理体系建设与创新案例

1. 浙江城市基层治理创新——"枫桥经验"的城市样板

在 56 年的发展历程中，"枫桥经验"核心内容始终围绕着"小事不出村、大事不出镇、矛盾不上交"这个核心不断发展创新，从矛盾纠纷源头预防、排查预警入手，最大限度地把问题化解在萌芽、解决在基层，成为中国基层治理的一个样板模式。随着中国迈入城市时代，"枫桥经验"也经历了乡村枫桥向城市枫桥的转变，浙江在提升推广新时代"枫桥经验"的过程中进一步探索出了"矛盾不上交、平安不出事、服务不缺位"的城市样板。

"发动和依靠群众，坚持矛盾不上交，就地解决问题，是'枫桥经验'最突出的特点"。[①]新时代坚持和发展"枫桥经验"，就要创新群众工作方法。结合新形势城市基层社会的需要，浙江省诸暨市"枫桥经验"在传承"发动和依靠群众"这一核心要义的基础上，坚持溯源治理，推动基层社会治理过程从事后应对向事前防治转变，进一步创新出"枫桥式"矛盾纠纷大调解体

---

① 孟建柱. 加强和创新群众工作为全面建成小康社会创造和谐稳定的社会环境——纪念毛泽东同志批示"枫桥经验"50 周年［N］. 人民法院，2013-11-04（01）.

系。一是坚持调解优先，把调处化解矛盾作为城市基层治理体系建设中的基础性、前瞻性、源头性工作，加强预测预警预防工作，推动关口前移、力量下沉，形成了由"点、线、面"构成的"大调解"体系。面上，全市 27 个镇乡（街道）、468 个行政村和 59 个社区都设立人民调解委员会及联合调解室，负责辖区调解事务。线上，设立医调会、诉前调委会、交通事故纠纷、劳动争议、消费维权和婚姻家庭 6 个专业调解组织；并在 276 家行业协会设立调解机构。点上，在基层法庭、派出所、司法所和老年协会等一批职能机构和民间组织设立调解室，共同破解各种矛盾纠纷。[①] 二是坚持将"大调解"体系建设与网格化管理制度紧密结合起来，加强人民调解志愿者队伍建设，深化"网格化管理、组团式服务"，确保问题隐患及时发现、及时处置。结合"网格化管理、组团式服务"，使社会管理更精细、惠民服务更贴心，目前，诸暨有 6495 名网格员、1396 名人民调解志愿者、2700 多家社会组织、970 余名乡贤[②]，创建"老杨""老朱""江大姐"等一批品牌调解室，让老百姓不跑远路、不打官司、不伤感情，就地解决问题。三是结合行业性和专业性推进调解方式创新。坚持"用不同的钥匙开不同的锁"，健全完善大调解体系，在交通、医疗、劳资、环保、拆迁等领域建立专业调解组织，高效化解矛盾纠纷。法院系统建立法官视频指导调解 QQ 群，实施敏感案件"联调平台＋成员单位"的"1 + N"快速联动机制。工商部门聘请专业人员和社会义工组建消费维权专家咨询团调解消费纠纷。医疗纠纷调委会建立专业人士咨询指导专家库。交通事故调解中心将人民、行政、司法三调联动有机结合。四是基层社会治理要着力提升智能化水平。用科技手段破解过去用道德、行政、法律手段解决不了的难题。大数据、物联网等信息技术的发展，为基层社会治理提供了必要的技术支持。在"互联网＋"的时代背景下，诸暨不断深化"最多跑一次"改革，推动以"浙江省平安建设信息系统"为主的各类网络平台和"网格化管理、组团式服务"两网深度融合，围绕"互联网＋"矛盾化解、公共安全、执法司法、公共服务、基层自治、网格管理等重点领域，在建设模式、应用模式和服务模式上积极探索，释放了"互联网＋"在社会治理领

① 叶辉，孙陈超. 诸暨市形成"枫桥式"调解体系［N］. 光明日报，2011–08–28（02）.
② 光明日报调研组. 新时代"枫桥经验"的"诸暨探索"［N］. 光明日报，2018–08–10（07）.

域的新动力。调研组也发现，个别职能部门囿于数据"小农意识"、缺乏大数据思维等因素，没有实现信息和数据共联共享，"数据壁垒"问题有待进一步解决。

2. 上海创新城市基层治理体系建设

在 20 世纪 90 年代建成"两级政府，三级管理，四级网络"的城市管理体制基础上，上海市于 2014 年底又出台了创新社会治理加强基层建设"1＋6"文件，提出了上海城市基层治理体系的基本建设框架。

上海市城市基层治理体系创新框架主要包括四个方面：一是区域化党建体制。强化街道办事处党组织的核心作用和统筹协调作用，将原先的"综合党委"和"居民区党委"合并为"社区党委"，原来的"行政党组"保留，形成了社区党建"1＋2"体制。以此为依托，构建了由区级区域化党建组织平台、街道党工委、社区党组织构成的纵向党建体系。拓展原先的社区党员服务中心服务区域内党组织和党员群众的功能，调整为区域化党建的服务平台——社区党建服务中心。二是深化街道体制改革。以"重心下移、权责一致、做实基层"为原则，从资源、服务和管理等方面强化街道基层治理能力。上海市从公共服务、公共管理、公共安全的基本职责出发，明确了街道以加强党的建设，统筹社区发展，组织公共服务为主要职能，特别是提出街道的运转经费由区级财政通过预算全额保障，使街道回归了区委区政府派出机关的本质。改变了街道机构设置"上下对口，左右对齐"的传统做法，上海市构建了"6＋2"的街道机构体制，也就是 6 个全市统一的机构，即党政办公室、社区党建办公室、社区管理办公室、社区服务办公室、社区平安办公室、社区自治办公室，其余 2 个根据社区治理的需求由各个区自行设立。同时，通过强化优化社区事务受理服务中心、卫生中心、文化中心、城市综合管理网格中心、社区党建服务中心和综治中心，推动街道转型为社区群众提供精准优质高效的基本公共服务的窗口和平台。通过赋予街道"四项权力（对区职能部门派出机构负责人的人事考核权和征得同意权、对区域建设规划和公共设施布局的规划参与权、对区域综合性事务的综合管理权、对事关社会民生重大决策项目的建议权）"、实行"职能部门职责下沉审核把关的准入制度"和改革基层考核评价制度，进一步理顺城市基层治理体系的条块关系。三是推进基层社会治理体制创新。建立健全"以居民区党组织为领导核心，居民委员会为主导，居民为主体，业委会、物业公司、驻区单位、群众团体、社会组织、群众活动团队等共同参与的居民区治理架构"。通过居民委员会依法协助行政事项清单和居民委员会印章使用清单、居民委员会电子台账、居民区工作事项准入机制，减轻居民委员会行政事务负担，增强居民委员会自治能力。四是推进社会协同机制。构建社区委员会、理事会等平台，引导驻区企事业单位、社会组织以及人大代表、党代表、政协委员、居民代表等共同参与社区治理事务。支持社区公益慈善类、文体娱乐类、生活服务类、矛盾调处类社会组织开展服务，将社会力量能够承接的社区公共管理和服务事项都纳入政府购买服务的范围中，加强社会组织党建工作。大力推动志愿服务队伍构成的枢纽型平台、实体化平台、信息化平台"三个平台"建设，引导志愿者参与社区治理。

3. 北京"吹哨报到，接诉即办"——基于政务热线的城市基层治理新模式

进入 21 世纪以来，北京在城市基层治理体系建设方面进行了一系列的创新，先后形成了网格化治理、"街乡吹哨，部门报到""接诉即办"等具有标杆意义的成果。2016 年，北京市出台《关于深化街道、社区管理体制改革的意见》，提出强化街道办事处的统筹执法力度，在基层实行"条块结合、以块为主"的管理方式，这为北京市城市基层治理体系建设和创新指明了方向，后续的城市基层治理体系建设和创新都是基于强化街道属地管理这一核心主题。北京市平谷区通过赋予街乡召集权、吹哨权，打破了条块间的机制壁垒，实现了各街乡政府属地职能与各执法部门执法职能的有机、有效融合，并在实践过程中逐步总结出"街乡吹哨、部门报到""一门主责、其他配合""部门布置、乡镇落实"的"三协同"综合执法模式，为全市破解基层治理"最后一公里"难题提供了新路径。2018 年初在总结平谷区金海湖镇综合治理实践的基础上，中共北京市委办公厅、北京市人民政府办公厅印发《关于党建引领街乡管理体制机制创新实现"街乡吹哨、部门报到"的实施方案》（京办发〔2017〕42 号），通过下沉资源和赋权增能，强化街道与职能部门间的协作，推动街道管理体制改革，提升街道的属地管理能力。同年 11 月 14 日，中央全面深化改革委员会第五次会议审议通过《"街乡吹哨，部门报到"——

北京市推进党建引领基层治理体制机制创新的探索》，这标志着"吹哨报到"获得了中央层面的肯定。2019年在"吹哨报到"建设成果上进一步推进，北京市又创造性地以12345市民服务热线为载体，通过扩大业务范围、增加功能、改造流程和建立制度，形成了以"接诉即办"为牵引的超大城市治理新机制，这样网格化治理、吹哨报到和接诉即办构成了北京市城市基层治理体系的核心框架。

"街乡吹哨"，就是通过向街乡赋权，强化街乡党（工）委的领导作用和统筹协调职责，使其在遇到涉及多部门、自身无法解决的难题时，能够通过"吹哨"机制，有职、有权、有依据地将问题传导给主责单位或部门，吹响解决问题的哨声。"部门报到"，就是各驻区单位和部门在听到"哨声"后，向街乡报到、向基层一线报到，履行分内职责，协同解决问题。目前，"部门报到"的方式主要有驻区党组织和在职党员"双报到"、执法力量"下沉"、街道干部任街巷长沉到基层"报到"等。① "吹哨报到"是解决问题驱动的基层治理方式改革，针对的是由于专业管理与综合管理、分权与集权、专业部门与系统整体之间的矛盾所引发的城市基层治理中属地统筹难以落实的问题。"街乡吹哨、部门报到"最显著的特征是以党建引领"吹哨报到"，通过党建的政治导向和基层治理的问题导向有机结合，以"吹哨"反映群众诉求，以"报到"引领各职能部门响应，运用体制机制创新的思路解决城市基层治理"最后一公里"的难题。在不同层级、不同领域完善党的组织体系，在纵向上完善了"市—区—街—社区—网格"体系，横向上形成了"各类型、各领域"组织联动体系，从而重塑了城市基层治理中的"条块"关系。"街乡吹哨、部门报到"突出强调街道党（工）委的统筹协调能力和街道与部门之间的统筹，向街道和社区进行"赋权""下沉""增效"，推行街巷长、社区专员和小巷管家等制度，形成"小事不出网格、大事不出社区"闭环式的党政群共建共治共享的基层治理格局（图4）。

---

① 中共北京市朝阳区委组织部课题. 党领导基层社会治理的新路径——北京市"街道吹哨，部门报到"改革的理论、实践与对策［J］. 北京党史，2019，5：28.

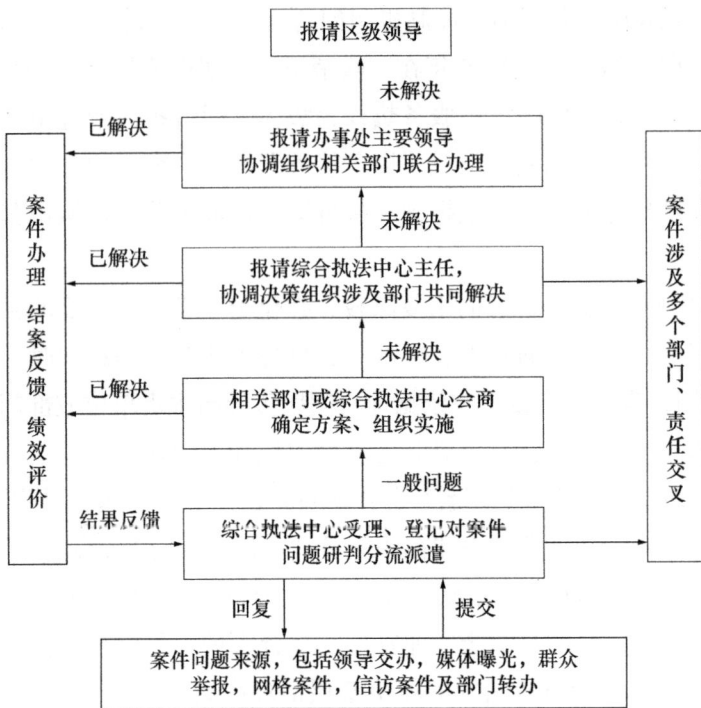

图 4 街道层面"吹哨报到"工作流程

资料来源：吴军：《城市基层社会治理框架构建初探——基于对北京市党建引领"吹哨报到"改革的观察》，《中国名城》2019 年第 12 期，第 6 页。

在"吹哨报到"机制建设的基础上，北京市又进一步推出了"接诉即办"机制。2019 年以来北京市将各类热线整合归集到 12345 市民服务热线，实现了"一号响应"（图 5）。在此基础上，"接诉即办"通过直接派单在事件办理上下功夫，让民众的诉求得到有效解决。"接诉即办"中的"即"字强调处理问题的快速响应，重新界定了处理城市治理问题优先顺序的标准。"接诉即办"推动了基层工作方式转变，党员、干部主动上门征询群众需求，实现城市问题的预防性源头治理。"接诉即办"机制，对上通过"吹哨报到"完善多部门联动机制，打破了部门间的藩篱；对下整合街巷长、小巷管家、社区专员、网格员、协管员、社区工作者和志愿者等基层力量，实现了城市基层治理的大协同。"接诉即办"从街道、街区、社区三个层面，将技术治理和精细化治理融合在一起，不断提高基层治理社会化、法治化、智能化、专业化水平，逐步构建起由简约高效的基层管理体制、精准高效的群众服务响应机制、多元共治的城市治理结构组成的具有首都特色的超大城市基层治理体系。[①] "接诉即办"的北京经验可以总结为：一点两环、四全一保。"一点"是指"接诉即办"的核心是"以人民为中心"，遵循"人民城市为人民，人民城市人民建"的新理念；"两环"是指"接诉即办"由"接诉"和"即办"两个体系构成，较好地平衡了发现问题和解决问题；"四全"是指"接诉即办"倡导全治理主体参与、全过程闭环管理、全方位制度创新、全面化城市体检；"一保"是指坚持党的领导，持续对"接诉即办"配置注意力。[②]

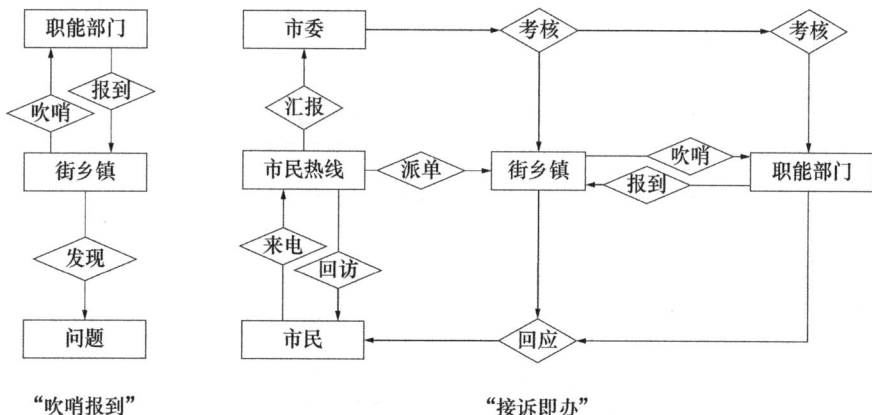

图 5 "吹哨报到"与"接诉即办"运作流程图比较

资料来源：马超，金炜玲，孟天广：《基于政务热线的基层治理新模式——以北京市"接诉即办"改革为例》，《北京行政学院学报》，2020 年第 5 期，第 41 页。

"接诉即办"最重要的意义在于通过政务热线系统挖掘了热线数据背后价值和强化政府治理能力所形成的"数据治理"型城市基层治理模式创新。具体而言，北京市的 12345 政务热线系统将街道（乡镇）权属清晰的群众诉求，直接派给诉求归属管辖的街乡镇，同时由区政府负责督促街乡镇在规定时限内办结。北京市"接诉即办"从工作流程安排、组织管理机制和绩效管理考核三个方面，通过数据治理解决了超大城市如何驱动政府基层治理能力创新

---

① 陈松川，彭磊. 办好群众天大的小事——"接诉即办"有效提升首都基层治理能力 [J]. 前线，2020，5：46.

② 李文钊. 新时代群众工作的新范式、超大城市基层治理的新举措、践行人民城市为人民的新机制——"接诉即办"的北京经验 [N]. 北京日报，2020-12-21（13）.

的理论与实践难题。在这一过程中，12345 政务热线以其政民互动的便捷性、诉求响应的及时性和问题解决的有效性，突破了传统治理模式在现代城市基层治理场景中存在的信息不对称及服务低效率等瓶颈问题，极大地提升了城市基层治理能力。政务热线的系统化通过事务层、评估层、决策层和认知层四个阶段，所解决的问题从单一诉求上升到治理难题（表4）。目前我国大多数城市的政务热线建设停留在事务层应用，即通过建立统一的政务热线平台，点对点将民众诉求派单给相应部门处理，而未能从评估层、决策层和认知层对热线数据的价值进行充分挖掘。[①] 截至目前，仅有实施"接诉即办"改革的北京市真正将政务热线系统化到了认知层面。

政务热线系统化的四个阶段		表 4
系统化阶段	具体内容	
事务层	接听→派单→处理	单一诉求
评估层	反馈→排序→奖惩	
决策层	数据→分析→政策	
智慧层	认知→创新→改革	治理难题

（表格左侧标注："系统化"，并有向下箭头；右侧标注从"单一诉求"向下箭头指向"治理难题"）

资料来源：孟天广，黄种滨，张小劲：《政务热线驱动的超大城市社会治理创新——以北京市"接诉即办"改革为例》，《公共管理学报》2021 年第 2 期，第 11 页。

　　归根结底，数据治理是贯穿在实体政府治理活动全过程、全领域和全要素的联结带（图6）。这不仅是因为政府掌握着最多的经济社会数据和公共服务数据，也是因为政府与社会互动产生了大量民情民意数据，更是因为政府可以利用自身拥有的政务大数据与更广泛的社会大数据、经济大数据融合，以构建服务于决策咨询、政策评估和绩效评价的数据治理体系。[②] 在政务热线系统的治理实践中，大数据方法的应用推动着民意识别、诉求分类、风险预测以及决策辅助等治理手段的创新。首先，政务热线系统使民生诉求在政府决策过程中被赋予重要地位和价值。其次，政务热线系统发挥了收集转化

① 孟天广，黄种滨，张小劲. 政务热线驱动的超大城市社会治理创新——以北京市"接诉即办"改革为例 [J]. 公共管理学报，2021，2：10.
② 孟天广，黄种滨，张小劲. 政务热线驱动的超大城市社会治理创新——以北京市"接诉即办"改革为例 [J]. 公共管理学报，2021，2：11.

民意、治理问题透视、重要决策辅助等功能。最后，政务热线系统也起到赋权社会的作用。从城市感知、决策辅助、精准施策和诊断评估四个方面出发，热线数据经过挖掘可以转化成直观的民情民意，形成咨政图表以辅助政府感知城市区域和各部门治理情况，政府可以对原始数据的价值、关联和反映问题进行深度揭示，实施有针对性的政策来提升基层治理能力。

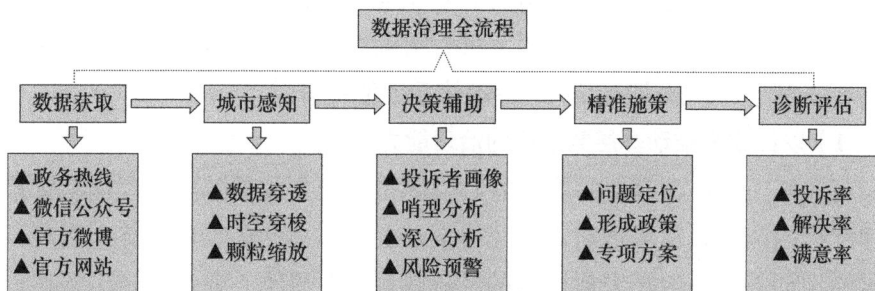

图 6　政务热线数据治理流程图

资料来源：孟天广，黄种滨，张小劲：《政务热线驱动的超大城市社会治理创新——以北京市"接诉即办"改革为例》，《公共管理学报》2021 年第 2 期，第 7 页。

北京市政府根据热线数据系统出台了许多行之有效的政策方案。其中，最有代表性的是"回天行动"。北京市的"回天行动"是针对拥有 84 万常住人口的回龙观和"亚洲最大社区"的天通苑展开的专项治理行动。面对庞大社区存在基础建设设施滞后和公共服务不足等严峻社会治理问题，北京市政府经过前期的数据分析和周密调研，通过调配 200 亿资金和下沉 32 个委办局行政力量，集中整治长久得不到解决的社会难题，并且取得广大群众的认可和信任。除了城市层面的精准施策之外，区县层面也积极运用信息化技术以改善基层治理效率。丰台区在 8282 个社区村推广智慧民情图建设，为居民提供"精准化"服务。石景山区研发"12345 热线数据实时分析仪表盘"，实现市民热线数据实时、全面、准确分析以提高问题处置效率。

（二）城市基层治理体系建设与创新的经验

改革开放 40 余年来城市基层治理体系建设和创新的经验表明，面对目前我国城市基层治理发展的各种问题，要利用好顶层和基层的不同视角，"既需要从宏观层面建立解决问题的机制，又需要从微观层面探索解决问题的方法"[1]。

1. 城市基层党建体系建设与创新取得的经验

进入新时代，随着我国社会主要矛盾发生新变化，基层社会面临诸多风险矛盾，要解决好这些问题，迫切需要积极探索创新基层党建方式途径，必须充分发挥党的组织优势，发挥不可替代的社会整合功能，把日益分化的社会重新凝聚起来，推进城市基层治理体系效能提升。

（1）以组织力推动基层党组织的治理能力

当前城市基层治理要解决的核心问题是，既要加强基层治理体制管控和治理社会的能力，又要适应市场经济下社会结构多元的发展趋势。当前城市基层治理创新一改改革开放以来的"党政分开"思维，通过党建引领实现了对基层党政权力系统的重新组合，基层党组织的政治功能和社会治理功能得到了进一步的强化。随着城市管理重心的不断下移，街道社区在城市基层治理体系中承担的任务越来越重，成为当前城市基层治理的重心，这就需要以建强街道、社区党组织为核心，赋予基层党组织相应职权和资源，通过提升强化党组织的组织力与领导力达到提高社区自主治理能力及社区问题解决能力的目标[2]。组织力是党组织内在组织能力和外在治理能力的统称[3]，通过发挥强大的组织力量、组织资源、组织网络，切实将党的组织优势转化为城市基层治理效能。要结合城市发展规律的社会治理新情况，对城市基层党建精准发力，街道党工委作为城市基层治理的"龙头"，要明确城市基层治理是街道党工委的主责主业，根据区委的授权总揽全局、协调各方，建立健全区域化党建协调委员会机制，有效整合资源。社区党组织则是"战斗堡垒"，选优配强社区党组织书记，党组织领导班子吸收社区民警、业主委员会、物业公司中的党员负责人担任兼职委员，具体抓落实。做好发展党员和党员教育

---

① 陈雨田. 基层治理是国家治理的重要一环［N］. 南方日报，2014-04-05（02）.

② 王德福. 催化合作与优化协作：党建引领社区治理现代化的实现机制［J］. 云南行政学院学报，2019，3.

③ 张振，陆卫明. 城市基层党建创新的空间逻辑与党组织组织力的提升——基于全国城市基层党建创新案例的分析［J］. 北京行政学院学报，2020，6：41.

管理工作，联系服务群众，增强社区党组织的执行力。

（2）以党建引领构建区域化党建体系

基层党建引领社会治理这一机制将隶属于不同系统、掌握不同资源的党组织联结成共同体，使党的建设从上层着力向基层着力转变，从局部推进向整体推进转变，从各自封闭向共同参与转变，从简单粗放向精准发力转变。这一重大转变，相当于破除了条块分割的藩篱，将以往缺少互动的区域单位"联"起来。[1] 以实施网格化管理、区域化统筹为基础，统筹协调街道内外的"条块"资源，实现了基层治理与基层党建的有机结合，为有效发挥党支部的核心作用奠定了基础。区域化党建是一种服务于新型社会"有机团结"的开放性、多样化的基层党建模式，是中国共产党在与外部新型环境的复杂互动过程中进行深层次结构性适应的产物，其重要的功能价值就在于克服单位制党建的不适应所带来的系统性风险。[2] 从社区党建走向区域大党建，进一步完善了由单位党建、行业党建、区域党建构成的互联互补的城市基层治理党建体系，"实现了组织共建、资源共享、机制衔接，功能优化，加强了党在基层的组织网络，严密了党的组织体系"[3]。在区域化党建的基础上还延伸出了网格化党建。网格化党建将党支部建在网格上，突出了基层党支部的治理功能，由基层党支部创造空间、开发资源、发挥自主性、为上级组织创设议题，从而扩大党的组织力和影响力。

（3）不断创新新时代"枫桥经验"，落实群众路线

推进城市治理，根本目的是提升人民群众获得感、幸福感、安全感，从解决人民群众最关心最直接最现实的利益问题出发，不断提高公共服务均衡化、优质化水平。在新时代创新城市基层治理体系，要充分考量陌生人社会、高流动性、高异质性这一具体市情，转变传统基层治理简单围绕维护社会秩序的思路，发挥党建引领中的群众路线优势，充分依靠和发动群众，打通新旧社区间、住户间可能存在的隔离之墙，广泛动员社会参与。一是切实解决

---

① 狄英娜. 社区的"温度"从这里来——上海市用党建引领基层治理的调查［J］. 红旗文稿，2018，24：12.

② 唐文玉. 从单位制党建到区域化党建——区域化党建的生成逻辑与理论内涵［J］. 浙江社会科学，2014，4：47-156.

③ 刘靖北. 构建党建引领的城市基层治理体系［N］. 文汇报，2018-12-02（05）.

党群干群之间的"距离感"问题。将党员干部自觉参与扩展到人民团体、社会组织、志愿者群体等多元主体共同参与，从大处着眼、在小处入手，捕捉创新微灵感、放大创新微光芒、扩散创新微能量，在听民声、纳民意、解民难、化民怨中推进城市基层治理体系"微创新""微改革"，增进群众感情、融洽党群干群关系。二是要重视和强调城市基层治理技术工具的"党性"和"群众性"，确保技术为党所用、为群众所想。走访、深谈、坐下来、面对面等传统群众工作方法，具有机械的技术所不具备的人情味、情感性等独特优势，能够使居民更加直观地感受到党的关心和挂念，城市基层治理体系创新中始终贯穿深入群众、多与群众亲密接触的群众路线是党建引领的具体表现和精神要领。三是要注意甄别、统计新进人群中，那些拥有党员、积极分子、离退休干部等身份，以及具有党务工作经历、社区工作经验等的人员，吸纳他们尽快加入基层治理工作中，不断增强城市基层党建有生力量。

2. 城市基层政权体系建设与创新取得的经验

城市基层治理体系的机制体制创新以完善街道与社区职责分工、基层减负增效、社区治理体系构建、权责下沉等为主。主要途径是不断推动公共资源向基层延伸，通过整合各职能部门的力量，实现公共服务多部门延伸至社区。

（1）以属地管理强化基层政权建设顶层设计

以属地管理深化街道管理体制改革，夯实基层治理基础，总结和固化城市基层治理体系创新实践的成果，有利于形成城市基层治理体系建设的长效机制。属地管理是城市基层治理的一项基本制度设置，可以有效应对城市基层治理中的"碎片化"问题，通过完善城市基层政权的顶层设计，赋予基层政权完成行政任务需要的权限和资源。强化属地管理，进一步优化了城市基层政权的治权，推动街道把工作重心转移到公共服务、公共管理和公共安全上，可以较好地解决街道"职能虚""职责偏""机构滥""资源空""效率低"等问题。强化属地管理，形成以属地政府为主的双重管理体制，增强了街道的统筹协调功能，有利于明确基层执法权力的规范行使，街道统筹使用执法力量切实加强了基层的基础保障。强化属地管理，进一步优化了街道的资源配置。从扩大街道基本经费的范围、加强专项经费的保障范围、增强街道资金支配的自主性等方面，为街道办事处行使相关职责、提供公共服务提供了资源基础。

（2）以大部门制优化基层政权机构设置

《中共中央关于深化党和国家机构改革的决定》提出，基层政权的机构设置要"根据工作实际需要，整合基层的审批、服务、执法等方面力量，统筹机构编制资源，整合相关职能设立综合性机构，实行扁平化和网格化管理"[①]。这就要求城市基层政权机构设置必须面向人民群众、按照基层事务特点，从使街道办事更有效率、更加公道、更加便捷的角度，优化政府机构设置和职能配置，构建简约高效的基层管理体制。由于基层的人员编制等资源极为有限，与中央、地方等上级机关分部门进行机构设置不同，街道不能也对口上级机关设置机构和配置职能，而需要对应街道职责和实际工作需要，尽可能综合设置，通过整合力量、整合资源、整合相关职能，实行扁平化和网格化管理。也就是，以大部门制的委办、中心、综合执法对等模式重组街道机构，减少管理层级，加强一线管理者的权限、资源和制度弹性，解决多头分散、职责分割、管理碎片化的问题，引导街道把更多精力放到社区为民服务，提高街道综合协调处理问题能力。同时，综合化的部门设置也有利于保障部门协作，实现与街巷长制、小巷管家、综合执法平台建设等工作协同促进，有效拓展居民参与，推动基层多元治理力量的整合。

（3）以权责清单明晰基层政权治理职责

《中共中央关于制定国民经济和社会发展第十四个五年规划和二〇三五年远景目标的建议》进一步提出："深化简政放权、放管结合、优化服务改革，全面实行政府权责清单制度。"[②]《中共北京市委　北京市人民政府关于加强城市精细化管理工作的意见》中也提出："科学划分城市管理主管部门与相关行政主管部门的工作职责，研究制定城市管理责任清单，解决部门职责交叉问题。深入推进城市管理和综合执法体制改革，优化市、区、街镇（乡镇）城市管理机构设置。牢牢把握职责定位，完善街道党工委和办事处职责清单，

---

① 中共中央关于深化党和国家机构改革的决定［N］. 人民日报，2018-03-05（01）.

② 中共中央关于制定国民经济和社会发展第十四个五年规划和二〇三五年远景目标的建议［N］. 人民日报，2020-11-04（01）.

明确和细化区政府职能部门在城市基层治理中的责任。"① 实践证明，通过建立街道职责清单和市级职能部门工作事项准入社区制度，可以切实从对上和对下两个层面明确基层治理权责，成为新时代推进城市基层治理现代化的有效方式。一方面实现了简政放权的深化，把转变基层政府职能落实落细落地，通过明确社区法定责任，消除"甩锅"和形式主义的空间，解决了基层政府治理中存在形式主义问题，有利于实现对行政权的监督，有效压缩不合法规现象的存在空间；另一方面也使社区工作人员清晰了应该履行的职责、承担的工作任务、达到的工作标准，厘清了城市基层治理中政社关系、政社职能的界限，扩大了其他社会治理主体的权力（利），为城市基层治理创新提供了更广阔的空间。

3. 城市基层自治组织体系建设与创新取得的经验

在社区层次，我国已经基本建立了规范的社区组织体系，形成了社区管理和服务的工作场所和制度规范，打造了对接政府社会管理下沉的社区公共服务中心，组织了一批社区工作者队伍、社区专干和社区网格员队伍，也联系了一大批社区社会组织和志愿者。

（1）正确认识社区行政性和自治性的双重属性

社区带有行政和自治的双重职能，社区职能发挥水平是社区治理能力的直接体现，但由于社区行政化问题广被诟病，致使社区行政职能的发挥水平体现着基层治理能力这一基本事实被遮蔽。此外，社区的自治功能主要体现在居民共同参与社区公共性事务方面，在居民参与度较低的现实条件下，社区自治能力实际表现出的是社区组织、动员居民参与社区事务的能力，同样是联结能力的具体体现。就此而言，基层社区的"行政性"与"自治性"，或者说"国家"与"社会"实质是基层联结能力的不同面向，都指向了基层治理能力。② 因此，完善城市基层治理体系建设、提升城市基层治理效能的良方不在于"去行政化"，而在于如何实现行政性与自治性的有效对接，促

---

① 中共北京市委、北京市人民政府关于城市精细化管理工作的意见［N］. 北京日报，2019-01-31（03）.

② 苗延义. 能力取向的"行政化"：基层行政性与自治性关系再认识［J］. 社会主义研究，2020，1：86.

进两者间的有机融合。要避免行政化侵蚀、压制自治的发育这样行政与自治相互对立的二元分割预设，尽管中国基层治理现代化面临的首要问题是政府放权，为社会提供更大弹性空间，但不能把政策内涵简单地理解为基层政府退出基层治理领域，而是在基层政权的领导下，更好地实现基层政府治理与基层社会自治的良性互动。这需要社区不断增强整合能力，通过将行政性任务与社区发展需求有效对接，以任务为载体，实现政府资源下沉社区与组织动员居民参与的整合，从而提升服务居民水平和居民自治能力。因此，在城市基层治理体系建设与创新中，社区治理能力主要通过完成政府行政性任务与组织、动员居民广泛参与体现，以此建立起良好的城市基层秩序。

（2）探索社区自治体系建设创新

社区是向上链接政府行政资源，向下统合志愿者、社会组织、企业组织等多元化社会资源的关键环节，其动员、统合社会资源的能力越强，满足居民需求的能力便越高。[③] 社区自治说到底是社区自我公共服务的能力，而公共服务依赖于人、财、物等资源，因此社区自治机构体系建设和创新可以从各个主体在获得行政资源和社会资源支持中发挥作用的角度进行构建。社区行政工作体系由社区党支部、社区居民委员会、社区服务站三个组织以交叉任职的方式构建"三位一体"的网络化管理模式，并进一步合理划分居民小组，优化各个主体的相关职责。社区自治组织体系的权力和责任进一步精细化、法定化，明确业主委员会、居民委员会、物业公司、社会组织的责任范围，形成相互沟通、相互配合、相互监督的服务模式，从提高社区服务覆盖范围的全面性和促进社区服务的社区化两个角度，增强社区的自治能力和凝聚力。健全社区管理和服务机制，推行网格化管理和服务，发挥群团组织、社会组织作用，实现政府治理和社会调节、居民自治良性互动，夯实基层社会治理基础。[④] 通过社区自治与网格化治理的融合，通过提升社区公共事务的精细化与便利度，强化居民参与管理的参与意识和参与能力，拓展和丰富社区参与和社会共享的内涵。

---

③ 苗延义. 能力取向的"行政化"：基层行政性与自治性关系再认识［J］. 社会主义研究，2020，1：86.
④ 桑玉成. 着力构建基层社会治理新格局［N］. 人民日报，2020-02-13（09）.

（3）推动协商治理机制的法治化、智能化、专业化

协商是城市基层治理体系中政府与社会、居民三者良性互动的内在机制，中共中央印发的《关于加强社会主义协商民主建设的意见》中提出要稳步推进基层协商，"坚持村（居）民会议、村（居）民代表会议制度，规范议事规程。积极探索村（居）民议事会、村（居）民理事会、恳谈会等协商形式。重视吸纳利益相关方、社会组织、外来务工人员、驻村（社区）单位参加协商。通过协商无法解决或存在较大争议的问题或事项，应提交村（居）民会议或村（居）民代表会议决定。"[①]一是通过法治化健全社区公共事务的协商议事机制。社区居民群体的分化导致了利益诉求的多元甚至矛盾和冲突，这就要求将长期以来积累的居民会议、议事协商、民主听证等实践上升为社区的协商规则和秩序，以保障多主体参与协商的权利。二是通过智能化提升社区协商机制的治理效能。利用"互联网＋"，开发社区APP、组建微信群和QQ群等信息交互平台，推动社区居民利用线上非面对面方式，促进不同群体的交流、沟通和互动，在社区事务进行充分参与、协商的基础上，能够形成最大的共识，使社区协商机制更加完善，社区治理能力和效率显著提升。三是加强公民意识教育促进社区协商治理机制的专业化。加强公民意识教育的基础还是在社区，要注重在社区治理的过程中融入公民意识教育内容，引导居民自我服务、自我管理、自我教育、自我监督，培育居民的自主自律意识、民主参与意识和公共责任精神，促使公民意识不断发展成熟，从而把社区建设成为管理有序、服务完善、文明祥和的社会生活共同体。[②]

4. 城市基层治理体系建设与创新的根本方式与方法

结合后工业城市社会复杂、多样的特征，从整体化、系统协同治理，新时代城市高质量发展等方面对城市基层治理提出了深刻转型的新要求，由简约高效的基层管理体制、多元共治的城市治理结构、精准高效的群众服务响应机制组成的具有中国特色的城市基层治理体系。

---

① 中共中央印发《关于加强社会主义协商民主建设的意见》[N]. 人民日报, 2015-02-10 (01).
② 何海兵. 上海创新社会治理加强基层建设的新探索 [J]. 党政论坛, 2016, 7: 28-31.

（1）将国家制度的优势与基层社会的具体特征相结合强化基层治理优势，是新时代城市基层治理体系建设与创新的根本方式

随着社会关系、社会结构等方面的变化，城市基层社会出现了场景多样性和问题复杂性的特点，传统以垂直管理和属地管理为主的政府职能部门专业化管理，造成了城市基层治理在功能、层级、空间、主体、信息等方面的割裂化、碎片化，削弱了城市治理的整体效果，是当前超大城市"城市病"问题难以得到有效治理的重要原因之一。如何充分发挥我国国家制度的优势，构建一套适合我国国情、能够解决基层治理问题的体制机制，是推进城市基层治理现代化的关键。党的领导是中国国家制度和国家治理体系最本质的特征和最大的制度优势，中国共产党领导的制度优势是能够"将政治领导力、思想引领力、组织覆盖力、社会号召力有机地贯穿在创造人民群众美好生活的过程中，获得了引领国家社会发展的持续性内生动力"[1]。在城市基层治理体系建设的探索过程中，逐步形成了党建引领共建共治共享的城市基层治理创新模式。主要表现为以党的基层组织街道社区党组织为轴心，在基层治理中发挥引领带动、统筹协调等作用。在党组织的领导下，基层政府、基层群众性自治组织各负其责、各司其职又相互配合、相互协同，业主委员会、物业管理委员会、属地企事业单位、属地社工机构、属地社会组织、新时代文明实践中心、志愿服务团体等发挥各自作用，激发出共建共治共享的合力和活力，促进基层的社会整合和资源整合、做到实事共办、难事共解。上海市探索出了区域化党建体制，通过强化街道办事处党组织的核心作用和统筹协调作用，将原先的"综合党委"和"居民区党委"合并为"社区党委"，构建了由区级区域化党建组织平台、街道党工委、社区党组织构成的纵向党建体系；拓展原先的社区党员服务中心服务区域内党组织和党员群众的功能，调整为区域化党建的服务平台——社区党建服务中心。北京市"'接诉即办'赋予了'12345'这个老品牌新的时代内涵，形成了新的群众工作机制。"[2] "接诉即办"延续了群众路线注重基层需求的精神实质，强调面对面倾听群众所思所

---

① 唐亚林. 新中国成立以来中国共产党领导的制度优势与成功之道［J］. 复旦学报（社会科学版），2019，5：10-22.

② 朱竞若、贺勇、王昊男. 接诉即办，牵引超大城市基层治理创新——北京走好新时代群众路线纪实. 人民日报，2019-12-24（10）.

想、所急所盼，使城市公共服务真正得到群众认可、让群众满意；同时"接诉即办"还体现了治理动员范围广和行动见效快的特点，不仅实现了群众诉求单单有回应，件件有反馈，还通过"响应率""解决率"和"满意率"等考核评价体系，实现了办理效率翻倍。一些社区还积极探索在基层党组织领导下，以社区为平台、社会组织为载体、社会工作专业人才为支撑的联动机制，在提供社区服务、化解矛盾中发挥了积极作用，全面激发了城市基层治理的活力，这样城市基层治理实现了从"碎片式管理"向"整体性治理"的转变。

（2）将传统治理工具与现代技术工具融合形成城市基层治理创新的突破口，是新时代城市基层治理体系建设与创新的基本方法

随着经济社会发展，当前城市基层治理面临着如何通过创新满足居民多样化、个性化的需求，增强人们在城市基层治理中的获得感、幸福感、安全感的问题，传统的"头疼医头，脚疼医脚"的应急性治理模式已经无法适应这种形势的要求。时代与技术进步为政府提供了越来越多的现代化治理工具，但需要注意的是运用新工具并不意味着就是一种创新，创新也并不意味着传统工具就没有用武之地。城市基层治理体系的创新应该是现代化技术与传统治理工具的有机融合，当前城市基层治理体系创新中的一个重要体现就是数字化技术的应用与数字治理的出现。"数字化本身并不是目标，让城市更智慧、让生活更美好、不断增强人民群众的获得感、幸福感、安全感才是政府部门的追求。"[①] 在统筹推进疫情防控和经济社会发展中，杭州市率先推出了防控健康码系统，这是以数字化方式应对城市基层治理风险挑战的一次成功创新。北京市实施的基于政务热线的"接诉即办"模式则提供了传统治理工具与现代治理技术有机融合的数据治理创新范例。政务热线电话是一个传统的城市治理工具，由于不适应复杂的社会场景，无法对群众面临的紧急或重要的诉求作出及时有效回应，已经跟不上社会现实发展的需要。但随着大数据方法的出现与应用，政务热线由于其传统优势特别是其产生的热线数据被赋予了新价值。热线电话数据具有一般意义上的大数据特征，即数量大、多样态、速生成和低赋值，通过利用大数据技术可以归纳总结民众诉求中的规律性和关联性特征，不仅通过政府及时了解民情动态，实现了精准施策，还

---

① 郁建兴. 数字化让城市更智慧［N］. 人民日报，2021–03–26（14）.

通过识别和预测城市潜在风险，将处于萌芽状态的城市基层治理问题予以解决，将治理技术工具从事务层的应用，推进到评估、决策、认知等更深层次的挖掘、整合和应用，并进一步优化甚至重塑了传统的基层治理流程、组织结构、运行机制。可以说，借助数据治理的新方式实现了城市基层治理问题的突破性和创新性解决，现代技术工具不仅拓展了传统治理工具的能力，还推动了政府治理理念与模式的转变，实现了城市基层治理的"善治"。

（3）紧扣城市基层治理的基层本质构建社区微治理、微循环，是新时代城市基层治理体系建设与创新的主要方法

城市基层治理体系建设与创新的基本要义就是使城市基层治理问题回归基层本质。社区微循环是城市治理体系内"一线"中的"一线"，是构建城市"中国之治"的"中国性"特征所系，也是城市基层治理的活力所在。城市基层治理的对象反映在老百姓生活中点点滴滴细微之处的各类烦事、难题，这特别适合切口小、见效快的"微治理"创新，是城市精细化治理精化、细化的精髓所在和具体实施的切入点。北京的"接诉即办"就结合老百姓身边事形成了一批切口小、见效快的政策性创新，如海淀区的"五子"工作法，大兴区的"六步工作法"，丰台区的"线上吹哨、部门报到"，石景山区的"街区制"等，这些"微治理"创新实践转变了以往基层治理主要靠上级权力部门协调的传统做法，变"问题上交"为问题就地解决，形成了问题发生地集中现场解决的城市基层治理新机制，实现了城市治理重心向基层下沉。"微循环"是社区、小区等城市基层治理基本单位的内生运行系统，是城市基层"微治理"的重要载体，发挥着城市基层治理体系毛细血管的功能。当前，社区"微循环"内部存在的诸多难点、堵点、痛点、盲点等细节障碍，影响了基层治理具体问题的及时反映和处理，是当前城市基层治理体系的关键短板。社区微循环处于小范围自发探索制度创新的原始基点，从群众的直观感受和最关心最迫切的问题入手，充分利用直接面对活生生的现实问题这一先天优势，坚持系统思维，整体重塑社区微循环的预警能力、执行能力、应变能力、创新能力；坚持因地制宜，突出乡土气息，强调回应上的直接性、及时性，提升城市基层治理的针对性、适用性；以润物无声的精神，通过把各种小矛盾、小问题化解在社区，实现把问题矛盾解决在萌芽状态、化解在基层，切实提升城市基层治理现代化的成效。

五、新时代城市基层治理体系建设与创新策略

事实证明，发展以后的问题不比不发展时少。我国城市基层社会结构仍然处于深刻变化之中，社会观念、社会心理、社会行为都在发生深刻变化。"十四五"时期如何适应社会结构、社会关系、社会行为方式、社会心理等深刻变化，都需要在城市基层治理体系建设与创新上不断取得新进展。

（一）城市基层治理体系建设与创新的指导思想

1. 坚持党的领导，构建党建引领下的城市基层治理体系

构建党建引领下的城市基层治理体系，是实现国家制度优势向城市基层治理效能转化的重要路径。在中国城市发展的百年历程中，前一个阶段在封建势力、帝国主义势力、国民党反动派势力压制下的缓慢发展，后一个阶段在中国共产党领导下的波澜壮阔的社会主义现代化进程，中国城市基层治理实现了由被占据的反动堡垒跃升为保障人民美好生活载体的伟大转变。各大城市在这一进程中彻底改写了自己的命运，彰显出中国共产党领导城市治理的制度优越性，迅速改变了城市既有的生产、生活形态，重塑了城市的社会结构，在当前的现实背景下，坚持党的领导，是推进城市基层治理体系进一步完善的必然要求。基层党组织建设要根植入基层社会多元主体之中，构建新型的互动关系并形成"你中有我，我中有你"的合作关系。基层党组织要善用基层组织的政治动员能力和社会动员能力，整合利益关系、合理配置资源、了解群众的真实需求。基层党组织在社区基层治理中要充分发挥好组织的政治功能。随着社区党建工作不断完善和单位退休党员"社区化"，社区党组织建设成为影响城市基层治理的重要平台。发挥好社区党员的引领、带头作用，通过建立社区党员支援服务队、驻区党员服务中心、建立议事会和

共同行动理事会等方式，促进党与社会、群众之间的关联。要把提升政治功能和组织力作为关键，从强基础、补短板出发，使基层党组织成为宣传党的主张、贯彻党的决定、领导基层治理、团结动员群众、推动改革发展的坚强战斗堡垒。《中共中央　国务院关于加强基层治理体系和治理能力现代化建设的意见》明确提出："创新党组织设置和活动方式，不断扩大党的组织覆盖和工作覆盖，持续整顿软弱涣散基层党组织。""坚持党建带群建，更好履行组织、宣传、凝聚、服务群众职责。"①可见，提高城市基层治理效能，关键是加强党的领导。党建引领实现了党政两条线在城市社区治理中明确交集，基层党建成为破解城市基层治理难题的重要抓手。

2. 坚持以人民为中心，推动城市基层治理的精细化

自改革开放以来，我国历经40多年的高速发展，在城镇化进程上取得了举世瞩目的成就。城市发展早已由原先"摊大饼"式的粗放化、经验化的管理模式转向以人民为中心、以"补短板"为重点的"精细化"管理模式。在实现城市治理体系和治理能力现代化发展进程中，回应城市居民的美好生活需要和为居民建设宜居城市是当代城市管理需要实现的重要目标。这就要从党的根本宗旨出发，坚持民有所呼、我有所应，把群众大大小小的事情办好。城市治理的重心和配套资源要向街道社区等基层下沉，把工作重心放在基层党建、城市管理、社区治理和公共服务等主责主业上，整合审批、服务、执法等方面力量，针对区域内群众需求开展服务。基层公共服务办理要注重便捷化，通过优化办事流程、减少办理环节，实现政务信息系统资源整合共享。要加快服务供给精细化的建设，找准服务群众的切入点和着力点，对接群众需求实施服务供给侧结构性改革。城市基层治理就在群众家门口开展，更要求真务实，奔着问题去、盯着问题改，让群众感受到新变化新成效。城市治理精细化既反映了以人民为中心的治理理念，又对城市治理能力提出了更高的要求。人民城市人民建，人民城市为人民。城市基层管理要切实以人民为中心，帮助市民解决在城市生活中遇到的各种疑难杂症，这就要求城市管理

① 中共中央　国务院关于加强基层治理体系和治理能力现代化建设的意见 [M]. 北京：人民出版社，2021.

者要关注城市幸福指数、宜居指数、公众满意度，实现管理全覆盖、服务精细化。城市基层精细治理能力首先基于智慧城市建设，通过物联网互通实体城市与数字城市，实现"接诉即办"，快速、准确、全面地了解到居民的诉求并科学、高效、精准地解决问题。在此基础上，各大城市进行了环境综合整治、交通综合整治、基层综合执法体系改革，在基层城市治理的各大板块开展了深度精细化创新治理活动，对城市基层治理的各大模块中的小板块逐步逐一地调整整治，使得城市人民不断增长的物质需要和精神需求得到满足，精细化治理成为满足城市居民生活需求的重要支撑。

3. 坚持系统思维，促进城市基层治理体系的平衡性发展

城市并非一个孤立的载体，城市治理囊括了政府、社会、人民群众三大主体、包含政治、经济、文化、科技、产业等多个要素，任何一个城市都是处在全球、国家、省域范围内的一个相对稳定但始终开放的系统。因此，在制度、体制、机制、技术上寻找优化城市基层治理方法的过程中，要系统而非片面地寻求合适的治理方法体系，推动各大环节的平衡性发展。《中共中央关于全面深化改革若干重大问题的决定》指出："坚持系统治理，加强党委领导，发挥政府主导作用，鼓励和支持社会各方面参与，实现政府治理和社会自我调节、居民自治良性互动。"[1] 这需要做好以下工作：一是需要探索顶层设计与基层实践的良性互动。基层问题虽然发生在基层，但是基层政府社会治理体制还没有发生实质性转型，国家法律保障制度、行政管理体制、治理体制权力结构调整等方面的制度保障尚未适应现实环境变迁的节奏，固定的政策机制逐步向下影响基层治理的方向与行动。同时，顶层设计的完善与修订依赖于基层实践实况。城市基层治理遇见的各项突发状况对各项制度保障政策提出了基于现实的改进与完善方案。在日新月异的城市发展进程中，顶层设计与基层实践之间形成良性、及时的互动成为城市基层治理的迫切需求，既不能让不合时宜的政策扰乱基层组织工作，也不能让制度政策脱离基层实践经验。"对于目前进入攻坚阶段的改革，不仅需要发挥好顶层设计和基层实践各自的作用，更需要在两者之间架起桥梁，实现良性互

---

① 中共中央关于全面深化改革若干重大问题的决定 [N]. 人民日报，2013–11–16（01）.

动，更好地推进改革的深化和前行，不断取得新的更大成效"①。二是面对城市基层治理中的复杂问题，不能就事论事、片面思考，而应通盘考虑、统筹兼顾，找准服务群众的切入点和着力点，用系统性、深层次的变革，不断优化整个城市基层治理体系的系统效能。三是要着力完善城市基层治理体系，特别是树立"全周期管理"意识。城市治理属于国家治理的一部分，在资源配置上要遵循系统性的原则，平衡各大区域的公共服务设施配置、平衡城市与城市之间的协调合作关系、平衡市民与市民、社区与社区的需求。在资源配置、公共服务、经济发展与环境保护等方面进行全流程、全周期的反馈与调整，保障城市发展的各个环节都处于均衡、和谐、相互促进、相得益彰的状态。要把提高发展平衡性放在重要位置，不断推动公共资源向基层延伸。

4. 坚持整体思维，实现城市基层治理体系的协调发展

根据"五位一体""四个全面"治国理政思想，在城市基层治理中也应该体现经济、政治、文化、社会、生态建设相互协调、协调发展。城市基层治理中整体发展思路是整合资源配置，简化职能部门，提高基层管理效能，既要全面保障居民的各项需求得到满足，又要在解决问题中体现人文关怀，既要由政府主导治理、保障政策刚性又要鼓励居民参与、体现治理柔性，既要合理分配整合内部资源又要充分聚集社会资源，推动城市基层治理建设形成稳定和谐、共治共享、同步发展的城市基层社会治理格局。城市基层治理体系建设与创新，要以破解碎片化为突破口，建设"整体性政府"。一是按照"相同职能合并、不同职能分开"的大部制原则，推动街道职能部门设置调整，将直接为居民提供公共服务的相关科室整合为一站式街道社区服务中心，提升工作效率。二是采取跨部门协同审批的指导思想进行业务流程再造。《中共中央　国务院关于加强基层治理体系和治理能力现代化建设的意见》指出："优化乡镇（街道）政务服务流程，全面推进一窗式受理、一站式办理，加快推行市域通办，逐步推行跨区域办理。"②要以居民需求和居民满意度为导向，

---

① 陈雨田. 基层治理是国家治理的重要一环［N］. 南方日报，2014–04–05（02）.

② 中共中央　国务院关于加强基层治理体系和治理能力现代化建设的意见［M］. 北京：人民出版社，2021：6.

打破传统割裂、零碎和重复的工作流程，实现业务流程集成改进。除了调整线下部门功能设置，可在智慧城市治理的基础上，建设线上统一平台，实现数据互通。对于线上智慧服务系统，要在智慧升级的基础上实现与对应实体服务部门的有机融合，将线上办理与线下服务统一为一个整体，相互协调处理居民日常生活中存在的各种问题，及时掌握居民的真实需求并获取居民对基层治理满意度的反馈。三是要强化治理思维，从过去的政府管理思维转变为政府主导、社会协作、民众参与的多主体治理思维，吸纳市场主体参与社区服务，将零散的、闲置的社会服务资源汇集起来，促进社区集体物品供给的精细化和高效化。政府、社会、民众共同构成参与城市治理的主体，不少企业积极履行社会责任，与政府开展了实质性的城市治理合作，主动参与到公益事业和社区建设中，市民作为城市的主人，应当主动承担社会义务、为城市治理建言献策，不作城市建设的旁观者，树立理性、宽容、责任、参与的主人翁精神。有效整合政府、社会、民众三方，发挥各自优势，才能更好地推进城市治理协调发展。

5. 坚持依法治理，实现城市基层治理的制度化、规范化、程序化

在党的十八届三中全会报告中就提出要加强中国社会治理方式改革和创新，尤其是要将社会综合治理等维稳管理纳入法制轨道，突出推动司法改革，实现社会公平正义。城市基层治理的法制化水平与人民群众的切身利益紧密联系，为最大限度增加和谐因素、有效预防和化解社会矛盾、减少多元主体利益纠纷，依法治理成为实现城市基层治理制度化、规范化、程序化的关键手段。把基层治理纳入法治化轨道，把法治思维和法治方式融入基层治理全过程、各方面，推动城市基层治理体系建设与创新。一是要用法治思维谋划基层治理工作。《中共中央关于全面深化改革若干重大问题的决定》指出，要坚持依法治理，加强法治保障，运用法治思维和法治方式化解社会矛盾。[1]要加强立法、严格执法、坚决守法，充分发挥法律制度的重要作用。法律为城市基层治理明确了合法与非法的界限，在处理居民纠纷、开展公共服务、推动城市经济建设等过程中都要严格依照法律赋予的权力进行合

---

[1] 中共中央关于全面深化改革若干重大问题的决定 [M]. 北京：人民出版社，2013：49.

规执法。此外，软法治理也在城市治理中发挥显著作用，如城市社区治理、环境治理、区域合作治理都依靠效力结构未必完整，无需依靠国家强制保障实施，但能够产生社会实效的软法保障。法律制度在城市治理中发挥作用的边界将不断向外延伸，是实现城市基层治理制度化、规范化的核心武器。二是用法治方式规范基层治理实践。通过严格的法律制度规范城市治理各项工作，为基层政府与社会合作提供制度化、规范化、程序化机制，有效防止基层政府政策执行与制定的不稳定性。"法"比"权"大，只有严格按照法律法规治理城市，才能有效保障制度、政策等在层层下放中准确落实，减少城市管理人员由于个人利益和理解偏差导致的不稳定行为。三是善于运用法治方式保障居民的合法权益。把体现人民利益、反映人民愿望、维护人民权益、增进人民福祉的各方面要求落实到基层治理全过程，切实保障基层社会公平正义和人民权利。人民是城市生活的主体，依法治理城市是依法治国的应有之义，在符合法律规定的基础上开展各项城市公共服务工作才能保障人民群众在城市生活中当家做主，实现社会公平正义，推进协商民主广泛多层制发展。

6. 坚持底线思维，提升城市基层治理体系的矛盾化解功能

城市基层治理在城市治理体系中处于极其重要的基础性战略地位，城市基层治理是底线思维在城市治理体系中的具体呈现，也就是说基层治理不仅在国家治理、城市治理中处于"一线"，更是国家治理、城市治理的"底线"，具有国家治理、城市治理的兜底功能。社区是党委和政府联系群众、服务群众的"最后一公里"和神经末梢，要及时感知社区居民的操心事、烦心事、揪心事，还要从健全社区管理和服务体制出发，增强整合各种资源以提升社区公共服务能力。同时，城市基层治理还是底线思维的直接体现。预防是最经济、最有效的健康策略，同样也是国家和城市最经济、最有效的治理策略。基层是社会和谐稳定的基础。要"建立畅通有序的诉求表达、心理干预、矛盾调处、权益保障机制，使群众问题能反映、矛盾能化解、权益有保障。"①切实把矛盾解决在萌芽状态、化解在基层。从总的方向上看，明确

---

① 中共中央关于全面深化改革若干重大问题的决定［M］. 北京：人民出版社，2013：50.

城市基层政府治理边界、厘清职责范围、建立规范的管理体系是避免矛盾上升的重要保障。首先要在各城市政府层级间明确责任。城市基层政府可以根据提供公共事务的经济与社会属性、受众范围、管辖优势和辖区情况，对社会治理的事权分层界定，确定城市基层政府社会治理的边界。其次是要平衡好区委办局、街道办事处和社区居民委员会三者之间的权力与职责。对于这三个部门的社会治理事项要进行精细、科学、细致地划分，让民众的各项生活与工作需求都能够在相应的部门中得到解决，同时也能够避免部门之间由于职责权限不明确而产生相互推诿的现象。同时，上级机关要明确告知街道办事处、社区居民委员会哪些责任必须在职能部门中履行，哪些责任不能以行政事务下沉的方式推给下属单位。最后是要明确基层服务组织的法定地位。街道办事处、社区等既有管辖的权力和责任，也要受到法律制度的约束。在处理人民群众之间的纠纷与矛盾时，要严格依照法律规定，规范地解决实际问题。除了在法律约束下处理各项需求，基层组织也要注重创新工作模式、工作手段、工作流程等，以更为人性化的服务解决民众的问题，要做到不仅解决当前的矛盾纠纷，更要追根溯源，根治问题，一并解决一系列相关的矛盾。

（二）城市基层治理体系建设的发展思路

《中共中央　国务院关于加强基层治理体系和治理能力现代化建设的意见》指出："基层治理是国家治理的基石，统筹推进乡镇（街道）和城乡社区治理，是实现国家治理体系和治理能力现代化的基础工程。"[①] 要在加强基层基础工作、提高基层治理能力上下更大功夫。新时代推进基层治理现代化，应通过改革和完善基层治理体制和机制，基层党组织建设、基层政权建设、基层自治组织建设三位一体，着力构建以党的组织体系为重要依托的社会治理体系。城市基层社会的治理是通过基层政权（包括基层党委和政府）为主导的基层政权力量与社会自治力量的通力合作来完成的。

---

① 中共中央　国务院关于加强基层治理体系和治理能力现代化建设的意见 [M]. 北京：人民出版社，2021：1.

1. 城市基层治理体系结构的建设思路

（1）城市基层治理体系纵向结构

① 明确战略定位

立足城市基层治理体系顶层设计，进一步明确城市基层治理各级主体特别是街道和社区的战略定位，为城市基层治理现代化奠定基础。一是突出街道在城市基层治理体系中的核心枢纽定位。不仅各种城市基层治理的对象在城市基层治理体系中都落地在街道，而且城市基层治理难题最终是要街道党组织解决，这些功能确定了街道无法替代的统筹枢纽地位。当前街道在基层治理中承担着繁重的任务，但是在人员配置和资源分配上远不能满足现实需求，这些都源于对街道在基层治理中的战略定位不明确，没有充分认识街道在基层一线治理中发挥的作用。为了方便街道在基层治理中发挥作用，使其有更多的自主性，必须将街道放在更高的战略定位上，在权力分配上，要给予充分的信任和支配权，使其在基层事务的处理中有更多灵活办理的空间；在人才队伍组建上，要调派具有更高素养的专业人才投入基层建设中，使得基层治理的工作队伍具备战略思考的能力，以长远的发展眼光开展基层治理工作；在资源配置上，要授予社区一定的资源调派和挪用的权力，并在物质上提供充分的支持。二是强化社区在城市基层治理体系中的战略依托定位。随着城市管理重心不断下移，社区的城市基层治理基础单元的角色越来越凸显，从党的建设到社会治理，社区都是重点、难点所在，只有不断强化社区的基层阵地功能，才能有效激活基层治理神经末梢。社区与民众有着天然的联系，掌握着基层治理中的原始信息，也是解决基层治理问题的主力军。社区在基层治理中经常会出现顾此失彼、力不从心的现象，主要是源于社区在城市基层治理体系中定位不准确。作为最基层的治理单位，基本上是按照上级行政部门的指挥开展各项工作，对于基层治理中出现的实际问题缺乏独立思考的能力，也逐步缺失了自发解决实际问题的行动力，这种角色定位既浪费了社区掌握的一手与基层治理需求相关的数据，又容易导致社区在实际中发挥的功能与民众的现实需求不匹配等问题，使得基层治理在第一个环节上就陷入困局。社区在整个治理体系中，不应成为其他部门的下属单位，而是要在站在战略定位的角度上，强化其独立开展基层治理工作的属性，既要有效衔接上级部门的战略方针，又要充分体现自身的功能定位。

② 理顺条块关系

处理好条块关系这一核心，建设职责明确、依法行政的政府治理体系①，是国家治理现代化建设的目标。首先，城市基层治理体系建设需要科学界定街道职责。要改变街道对上对下职能不清的局面，理顺和明确权责关系，规范垂直管理体制和地方分级管理体制，构建市、区、街道、社区四级体系。在现有的条块关系中，权责不对等的矛盾普遍存在。上级政府部门和垂直管理机构在"条条"中借助权力优势将责任和任务推卸给作为"块块"的街道，形成权力向上倾斜、责任向下累积的局面。因此，要对处在"块块"的街道、社区进行制度化赋权，以对当前的权责失衡现象加以平衡。在权力授予上，可以从以下几个方面考虑：一是赋予街道、社区党组织人事调配权。处于块块的街道、社区可以根据实际情况增减人员，根据现实需要设置工作岗位，掌握人事考核权和任命、调配权。二是准予街道、社区参与战略规划、综合管理及制度制定。三是充分参考街道、社区在事关群众利益等方面的决策的意见。其次，"增强地方治理能力，把直接面向基层、量大面广、由地方实施更为便捷有效的经济社会管理事项下放给地方"②，"各省（自治区、直辖市）按照条块结合、以块为主的原则，制定区县职能部门、街道办事处（乡镇政府）在社区治理方面的权责清单"③，减少街道临时性任务的数量。街道、社区在基层治理中长期受到上级职能部门的制约，将大量的时间、精力花费在处理临时性任务上，这些任务往往属于上级部门要完成的工作指标，与街道、社区内的实际民众需要并不吻合。在完成临时性任务后，街道、社区再去解决本区域民众提到的问题，但是受限于既定的资源，工作人员在完成繁琐、多样、频繁的临时性任务后，很难再在民众反馈的问题上花费足够的时间解决。然而，充分解决区域内民众的问题并满足其需求才是街道、社区的本职工作，而在权力、资源制约下，导致街道、社区并不能完成其核心工作，在实践治理中偏移了工作重点。基于此，在制度上要进一步明确块块的职责

---

① 中共中央关于制定国民经济和社会发展第十四个五年规划和二〇三五年远景目标的建议 [N]. 人民日报，2020-11-04（01）.

② 中共中央关于深化党和国家机构改革的决定 [N]. 人民日报，2018-03-05（01）.

③ 中共中央　国务院关于加强和完善城乡社区治理的意见 [N]. 人民日报，2017-06-13（01）.

范围，条块结合要适度，作为"条条"的上级部门非必要不能将一些任务指标下移到街道、社区，要充分鼓励、支持、帮助"块块"完成其既定的重点工作任务。最后，要健全垂直管理机构和地方协作配合机制。制定街道权责清单要结合街道的职能定位，实行职能部门和街道的分工协作，对未纳入执法目录、涉及两个及以上执法部门监管的事务，街道可采用"申请制＋审核制"，向区政府申请联动的综合执法。在城市基层治理体系中，条块有机结合才能更好地实现系统治理、协调治理、整体治理。"块块"面临着责任属地化和考核体制形成的巨大治理压力，"条条"则掌控着"块块"治理所需要的核心资源与执法权，两者在功能和职责上有一定的区分，也在诸多方面存在交叉。"条条"要以"块块"的实际需求为依据，在顶层设计上助力"块块"工作开展，"块块"则要充分理解"条条"的政策指引，在正确的思想引导下开展工作和解决问题。条块之间要由传统的分割线明确的上下级关系转变为合作关系，朝着同一目标和步调协调做好基层治理工作。

③ 落实重心下移

"推动治理重心下移，尽可能把资源、服务、管理放到基层，使基层有人有权有物，保证基层事情基层办、基层权力给基层、基层事情有人办。"[①]要科学理解"治理重心下移"，使"治理重心下移"真正落实落细落地。首先，"治理重心下移"不能陷入为了下沉而下沉的"目标置换"困境。"治理重心下移"就是把区级政府职能部门的派出机构划交给街道主要管理，让街道"看得见""管得着"，因此，"治理重心下移"要紧扣街道的职能定位，建立在科学评估的基础上。在治安、林业、水利等方面，城市管理规定和市容管理条例中的行政执法权和行政处罚权、林业职能执法权、水利相关职能职权等应该适当下放到街道中。重心下移的第一步是要适当放宽权力，将更多的行政权力交给基层治理单位，方便其处理在基层治理中遇到的各项问题，同时赋予街道等基层工作者一定的权力范围，能够有效激励其投入更多的精力到日常工作中，并能更加有效支配日常的各项事务。在物业管理、安全管理、信访维稳等方面，要分清责属、明晰归口部门、落实管理责任，并非所有事务都属于街道、社区的管理范畴，重心下移并不意味着下移所有的基层工作

---

① 中共中央关于深化党和国家机构改革的决定［N］. 人民日报，2018-03-05（01）.

内容，一些长期、专项、维稳的基本工作建议由属事单位管理和监管，交由专职部门专业人员、技术对口人员监督管理。在人员编制、专门科室等人员队伍配置方面，要增加街道办事处内设科室和人员编制的权限，设立专职社区管理服务科室。为了进一步实现基层事情基层办、基层事情有人办，随着基层治理工作下沉到基层，街道、社区在人员编制上要逐步突破传统的用人规模与用人标准，人才结构与服务科室要多样化、丰富化、科学化，要以完备的人才队伍应对治理重心下移后的社区治理形态。其次，"治理重心下移"并不意味着上级政府和职能部门随意把本属于自己的事情交给街道办事处。也就是说，"治理重心下移"应当是有选择性的，要结合基层的具体情况进行具体分析。在减少街道临时性任务的基础上，尽量将与街道的工作重点密切相关、侧重一线执法的机构（如房屋管理、绿化市容、市场监管等）下沉到街道。同时，在"治理重心下移"过程中，基层治理体系的各大部门都要对自身的角色担当与使命担当有一个崭新的认识，要重新适应所承担的角色。政府由主导者转变为引导者，街道由执行任务者转变为管理者，居民由单一的消费者转变为治理者、参与者，企业由服务者转变为参与者，各类社会组织由嵌入者转变为内生者。激发各大主体的主人翁意识，共同承担治理责任是治理重心向下移动的内在含义，因而上级政府与职能部门不仅要在指导街道、社区工作上下功夫，更要在顶层设计上思考重心如何下沉到各个主体中，使得治理结构的调整与修复更加灵活、决策执行更加民主、目标结构更为公平等。最后，"治理重心下移"是管理职责与服务力量的一起下移。街道办事处由于权力、资源、人手、技术等方面的限制，总体能力有限，因此"治理重心下移"还是实现职能部门和街道的分工协作，而不是上下级的监督与执行，否则会事与愿违。此外，重心下移的最后落脚点不能局限在社区、街道办事处，而是要充分激发社会活力，让不同类型组织有序参与基层治理。政府、街道、社区都没有能力能够完全且充分地满足基层的所有需要，但是在重心下沉过程中可以通过调动一切积极性和引导各种社会因素激发城市街道活力，营造一个良性的社会治理循环。这就意味着重心下移不是简单的权力、职责、资源等要素的下移，而是要进一步吸收不同类型组织的独特资源，丰富治理结构的合法性，增强基层治理在各大主体之间的使命感，不断提高合作主体的积极性与实效性。

（2）城市基层治理体系横向结构

① 加强基层党组织体系建设

《中共中央　国务院关于加强基层治理体系和治理能力现代化建设的意见》明确提出："把抓基层、打基础作为长远之计和固本之举，把基层党组织建设成为领导基层治理的坚强战斗堡垒，使党建引领基层治理的作用得到强化和巩固。加强乡镇（街道）、村（社区）党组织对基层各类组织和各项工作的统一领导，以提升组织力为重点，健全在基层治理中坚持和加强党的领导的有关制度，涉及基层治理重要事项、重大问题都要由党组织研究讨论后按程序决定。"[①]。"在社区治理过程中，党建创新引领要真正'下沉'到基层，组织体系实现'纵向到底、横向到边'"[②] 一是在基层治理体系内部形成街道和社区、楼宇、园区党建服务中心和工作站点为平台和枢纽的两级体系，街道党组织作为"龙头"负责推进落实，社区居民委员会党组织作为"战斗堡垒"负责组织动员和服务管理。二是将城市党建延伸到城市最基本的细胞——小区之中，细化到小区治理的全过程之中，把"碎片化"的党建资源转化为"一体化"的治理力量，最终将制度优势转化为基层治理效能的支撑基础。三是每个小区党员要对群众起到示范作用，党组织体系建设要坚持服务凝聚民心，实现二次管理、二次服务。通过开展党员责任区、党员先锋岗、党员家庭户挂牌上墙等活动，全面亮明小区内党员身份的户主，充分利用小区内的党员资源队伍，使其成为基层治理的重要枢纽，筑牢党组织体系结构。社区党组织根据具体情况，重组社区内的党员队伍，充分发挥小区内党员的专业特长与个人优势，以在不同层面全面下沉党组织服务，使得党组织资源在精细化治理中发挥作用。通过开展网格大走访、走亲连心等活动，引导在职党员认人、认门、认事、认亲，拉近与小区群众的距离。除了加强党员、党组织与民众之间的联系，还可以搭建党群之家的形式具化多功能党建阵地。党组织建设要朝着党群之家的方向迈进，逐步打造基层支部流动站、政策方针宣传站、小区管理工作站、便民利民服务站等，以及要充分组合小区内的

---

① 中共中央　国务院关于加强基层治理体系和治理能力现代化建设的意见［M］. 北京：人民出版社，2021：3.

② 叶本乾，万芹. 新时代党建引领城市社区治理的逻辑契合和路径选择［J］. 党政研究，2018：42.

所有党员，根据各自的特点组建特色党员队伍，分门别类地负责相应的基层治理工作，加强推动各级组织、街道定期进小区开展政策普及和宣传活动，党员同志要参与到业务知识讲解中，解答民众关心的问题、了解民众关心的问题。再就是党组织体系中要囊括志愿服务团队。基于小区内民众的现实需求，整合和调动社区的各项物质资源和人力资源，组建就业扶助、健康义诊、法律常识普及和维权等专业服务团队，使得党组织体系结构多样化并且符合区域内民众的基本生活需要，小至解决小区内垃圾分类、健身娱乐、水电缴纳、养老服务、停车乱序等基本问题，大至解决小区内文化塑造、理念重塑、全员参与共治共享等意识形态问题。四是对于在职党员，要加强和改善对这一群体的监管管理机制。支委会可以通过日常监督、网格走访、微信等社交媒体这些渠道把握党员同志的动向，对于在职党员的生活圈、社交圈、朋友圈要加强关注和了解。只有严格管理好党员队伍，才能进一步发挥党员的带头作用、榜样作用。在职党员疲于自身的本职工作，在社区党组织中经常会出现参与度不高、积极性不够的现象，对于这些党员同志参与小区活动的表现要积分量化，以"红黑榜"等方式如实记录，在社区党组织内定期开展批评与自我批评。如果党组织不关心组织成员的生活状态、工作状态、思想状态，不严格要求党员同志参与到组织生活中，党员同志很难形成优良的生活作风、工作作风、组织作风，从而很难为其他民众作出贡献，更难以开展走进群众、关心群众、帮助群众的活动。基层党组织中对于违纪违法的党员同志，要及时提醒、开展谈话教育。对党员同志的高要求、高标准是完善构建基层党组织的首要前提，党员同志作风不良，党组织内的其他活动将难以开展，服务群众更成了无稽之谈。各支部要结合小区内的实际情况，设定具有一定约束作用、简单易行的考核标准，支委会要承担起定期考核组织成员的责任，将量化考核指标和等级评定结果反馈到党员本身及其所在的党组织中。

②优化基层政府指导下的社区自治体制

城市基层治理是以包括基层党委和政府的基层政权为主导，通过基层政权力量与社会自治力量的合力实现的。具体体现为街道指导下的社区自治体制，这同样是一个城市基层治理实现均衡化和充分化发展的过程。要促进这一进程，一是要不断完善街道与社区职责分工，"依法厘清街道办事处（乡镇政府）和基层群众性自治组织权责边界，明确基层群众性自治组织承担的社区工作事项清单以及协助政府的社区工作事项清单"[①];街道和社区在基层治理中承担着相似的角色,在职责和职能上有着诸多相似之处,在基层治理中遇到的问题和需要解决的问题大部分属于同一范畴,因而两者之间的职责界限容易出现模糊不清的现象。政府对于街道和社区的功能定位要展开进一步区分,要在不同层面上体现出和发挥出各自的优势。对于社区而言,其服务对象主要为居民,工作重心也要落实在满足居民的各项生活需要上。社区工作者要在发现问题、解决问题、根治问题的工作循环中摸索出一套科学的自治体系,要充分利用位置优势,加强与民众之间的联系,在为民众服务的过程中不断提升社区整体的自治水平。对于街道而言,街道相较于社区管辖的范围更广,处于上联政府部门下接社区的中间地位,其日常处理的事项没有社区繁琐,但是涉及的范围更加宽泛、涉及的内容更加复杂。街道办事处该下沉给社区的工作内容就直接移交到社区中,除了承担一定的协调和指导职责之外,街道的工作重心要放在紧密联系群众、组织公益服务、组建志愿团队等系统性、长远性的项目内容上。二是基层政府要完成从主导型角色向指导型角色的转变,改变基层政府"单打独斗"的局面。街道办事处要避免按照自身价值偏好进行主观安排、指派,改善社区居民委员会行政化和边缘化并存的问题,注重激发基层社区的活力。基层政府毕竟没有直接接触群众,在一些细节工作的处理上需要依赖于社区工作者长期积累的工作经验解决问题。政府要尽量减少主导社区基层治理工作开展的行为,将权限更多地交给基层工作者,方便其灵活处理问题,提高解决问题的效率。但是这不意味着政府处于无所作为的状态,政府要将更多的精力放在指导社区工作的开展上。政府比社区占据更好的资源和数据信息,能够更加敏锐地察觉区域内、城市内的长远发展动向,更好地接受上级的政策方针,这是社区工作者在治理中最为匮乏的层面,也是最需要指引的地方。社区一切工作的开展既需要短时期的效用,也需要长远的收益。政府要以战略性的眼光帮助社区、指导社区开展工作。两者之间充分协调、配合,才能够相互促进各自自治能力的提升,使得各自利用部门优势,在基层治理体系中更好地发挥作用,在整体治理上达到更好的合作效果。

① 中共中央　国务院关于加强和完善城乡社区治理的意见[N].人民日报,2017-06-13(01).

③ 完善社区治理体系内外协调建设

新时代城市基层治理面临"管理好内部机构"和"管理好外部网络"的双重任务。一是街道办事处要合理划分行政事务和居民生活服务的职责范围，由社区负责社会性服务职能，真正实现服务重心向社区下移，实现对社区财政投入与其承担服务职能相匹配，推动公共资源向社区下沉。街道办事处、社区内部的行政事务要形成规范化的办事流程，无论规模大小，都应该构建一套完整的工作流程体系，使得日常工作能够井然有序、有理有据地开展。居民生活服务工作内容在本质上与一般的行政事务不同，社区工作者要将两者区分开，行政事务主要针对内部管理，强调有序性、规范性、统一性，居民服务工作面向区域内的所有民众，具有广泛性、不确定性、多样性。社区工作者中不能以处理一般性的行政事务思维解决为居民服务过程中产生的问题。行政事务的处理可以沿袭传统的工作模式，在此基础上合理将信息化工具运用到工作实践中即可。针对居民生活服务类的工作事项，要转变原有的以解决问题的思路开展工作的模式，应该站在以人为本的角度，在解决问题的基础上进一步挖掘问题，追根溯源，帮助居民发现问题产生的根源和本质，站在更长远的眼光上寻求处理问题的思路和方案。

二是街道办事处可以将社区做起来更有优势的行政事务性工作，以"费随事转，权随责走"的方式下沉到社区，并以任务清单方式，促进社区工作者履行好职责，切实提升城市基层治理效能。一些社区在行政性事务上并没有完整、明确的事项，工作者在职能关系上没有明确的划分。街道办事处在诸多层面扮演着社区工作者的角色，承担了多项行政性工作。实际上，社区比街道在一些方面更方便开展此类工作，只是由于这些工作没有下沉到社区，则由街道工作者代替履行此类职责，这不仅耗费了街道办事处的精力与时间，在实践中取得的效果与效率往往达不到预期要求。社区则在位置、关系上占据优势，街道可以整理一些社区方便执行的行政性事务，交由社区工作者履行。一方面可以提升整个基层治理体系的工作效率，各司其职，发挥所长，另一方面在效率和成果上能够取得一个更好的结果，推动基层治理效能。

三是基层政府要提高处理与外部网络关系的能力。这要求基层政府部门购买服务行为要更多追求长期效益，将居民不仅作为服务消费者，更作为服务参与者，从给予式服务转向协作式服务。基层政府与居民之间要由管理者与被管理者的关系转变为协作者、合作者的关系。对于政府而言，要站在长期惠民的角度为居民提供服务，不能草草解决居民提出的要求，不能以领导者、管理者的态度对待区域内的居民。为了真正实现居民参与基层治理，第一步就是要将满足居民的生活需求视作重要的工作目标，在取得居民的信赖之后，居民才会愿意听从政府的号召与政策，才会相信政府的决议与方针，才会在政府的鼓励下积极参与到基层治理实践中。在居民成为社区基层治理工作的参与者后，要进一步指引居民，使其成为共同参与治理的合作者。城市基层治理不是政府的任务，也不是社区工作者的任务，作为最大基数的居民群体，在当前乃至未来的发展规划中，必然承担着助力推动发展的重任。政府需要完成的任务则是将居民的力量聚集到整个基层治理体系中，增加他们的协调配合度，调动他们建言献策的积极性，获取他们对政府工作的支持度。

2. 城市基层治理体系体制的建设思路

基层社会治理中的主导力量是基层政权（包括基层党委和政府），并以基层政权力量与社会自治力量的合力为基础支撑。新时代推进基层治理现代化，就是要基于基层治理的现实特征和历史方位，改革和完善基层治理的体制机制，推动形成基层政府与基层社会主体共建共治共享的社会治理格局和良好社会秩序。[1]

（1）深化街道管理体制改革

① 明晰街道职责定位

新时代街道体制改革的目标是把街道办事处建设成为基层党建的实施者、城市管理的执行者、基层公共服务的组织者和社区自治共治的引领者。[2] 首先，新时代深化街道体制改革的首要任务，是充分发挥街道办事处中间纽带这一核心优势。街道办事处处于政府组织与社区组织之间的衔接点，承担着连通政府与社会的桥梁和渠道功能，这是其他城市基层治理主体所不具有的核心优势，也是进一步明晰街道办事处职能和权责，使街道办事处真正成为

---

① 杨弘. 新时代推进中国基层治理现代化的着力点［N］. 光明日报，2018-02-08（15）.
② 容志，刘伟. 街道体制改革与基层治理创新：历史逻辑和改革方略的思考［J］. 南京社会科学，2019，12：74.

城市基层治理体系中心的基础。其次，基层治理成效好不好，最终落实在服务、便民上。需要着重强调的是，虽然中国基层治理现代化中的一个应有之义是政府放权，但绝不意味着基层政府作用弱化甚至退出基层治理领域，而是要在充分发挥基层政权领导作用的条件下，更好地实现基层政府治理与基层社会自治的良性互动，提升城市基层公共服务的品质。最后，突出街道办事处在城市基层治理中的统筹功能。当前城市基层治理体系中的压力传导机制和考核机制严重削弱了街道办事处的综合协调和管理监督职能，治理重心下移不但要下放责任更要下放权力，充分实现街道办事处基层实际工作一线指挥所的"牵头"功能，落实街道统筹协调和监督考核职能。

②完善街道机构设置

当前街道体制改革面临职能不断扩大、综合性越来越强和结构扁平化的双重挑战要求，机构设置需要根据"简约、高效、便民"原则灵活设置。一是在整体结构上，要充分发挥街道党工委协调各方的核心领导作用，结合权责清单，进一步明确主责主业，优化机构设置；二是"基层政权机构设置和人力资源调配必须面向人民群众、符合基层事务特点，不简单照搬上级机关设置模式"。①改变传统的职责同构模式，破解多头管理困境，按照综合性大部门的整合改革思路，坚持因事设岗，严格执行机构、人员编制限定，将原来"向上对口"设置转变为"向下对应"设置；三是赋予街道更加灵活的用人自主权，结合中心工作和关键环节，探索建立"定期评估＋动态调整"编制调配机制，统筹管好用活街道编制资源再分配；四是将原分散在街道各内部机构和事业单位的公共服务职能统一整合为一个公共服务中心，推动服务的程序化、标准化建设，通过一口受理、集中办结实现服务的便利化。

③街道人财物保障机制

当前，由于街道办事处赋权的展开和社会需求的上升，使街道的人财物资源不足成为街道办事处执行职能的重要困境之一。解决这一问题需要从以下方面入手：一是通过加大编制向街道的倾斜、用好上级职能部门人员向街道下沉、加强街道内部机构人员整合等多种措施，解决街道办事处人员上存在行政编、事业编、临时聘用等复杂的用工混岗问题。街道办事处的工作人

---

① 中共中央关于深化党和国家机构改革的决定［N］. 人民日报，2018–03–05（01）.

员在数量、结构类型上普遍较为匮乏，特别是编制人员较少，对于青年群体的吸引力不够。人才队伍搭建不起来，其他的各项工作就难以开展。工作队伍的人员编制混乱也会造成基层治理队伍凝聚力、向心力不足等问题。编制混杂的工作人员在一起工作，往往是处理类似性质的工作事项，但是福利待遇、工资津贴等方面会存在一定差异，这难免会引起一些工作者的不满情绪，这种态度映射到工作中就是没有将群众反映的问题解决好、疲于应付上级交代的工作任务，处于消极怠工的工作状态，从而在内部管理、外部治理等方面出现诸多显性或隐性的问题，给基层治理埋下隐患。目前基层治理重心向下移动，街道办事处的职能和职责逐步延展，人才队伍的扩充与丰富也要与之同行，才能承担起相应的职责、把握好下沉到基层的权利。用工混岗的现象要进一步规范化，将不同性质的工作者划分到不同职能部门中，一个部门或者同类型岗位的人员编制要统一。此外，要下沉人才资源，调用更多人员到街道、社区中，辅助街道、社区适应新形态下的治理环境。

二是在扩大专项人财物资源保障的基础上，建立多元主体捐赠、资金定向募集等资金多元投入机制，发挥社区基金专项支持作用，以项目为纽带多方筹集社区资源、公益资金，不断创新街道经费保障和管理机制。为应对当前基层治理中出现的资源紧缺问题，仅仅依靠政府调配资源到社区难以满足长远的发展需要。对于社区、街道自身，要借助各项社会资源提升造血能力，构建起可定期获取物质资源的渠道，避免出现因资源紧缺导致基层治理工作难以开展的窘境。一方面要筹集专项基金，为社区、街道的基础建设提供保障，将资金投入到硬件和软件设施上；在物质基础上达到便民惠民的目标。另一方面建立公益基金，对于社区内暂时性困难的群体提供救助与保障，达到在物质层面和精神层面双重人性化服务的目标，体现社区治理的物质能力和人文关怀。对于社区的经费来源与管理，社区、街道要在这一板块开辟专人专项岗位，规范化严格化管控，既要创新开辟多种渠道获得资金来源，又要将筹集的资金用到刀刃上，实现"取之于民，用之于民。"

三是增强街道人财物资源支配的自主性，改变因过度留痕、分解任务造成的资源碎片化，推动街道治理体制效能的提升。社区、街道在基层治理中要合理分配资源，对于重点项目，要聚集资金和力量以全力开展建设，避免将人财物资源分散到各个方面，每个方面都有投入，但是取得的成效甚微。

在基层治理工作中，要把握好重点论和两点论，以充分挖掘资源的可用性为前提调用资源、分配资源。虽然目前社区、街道在资源调配上越来越占据自主权，但是并不意味着可以滥用资源。社区、街道由原先的资源紧缺状态逐步过渡到资源充裕状态，在带来一定效益的同时，也给基层治理带来了更多的挑战与思考。社区、街道的人才队伍是否具备分配资源、利用资源、以现有的资源获取更多的资源的能力决定着资源自主支配权是否能够在基层治理中取得积极的效果。因此，在充分享用充沛的物质资源带来有利局面的同时，要同步思考和解决资源的调配问题。

④ 做强街道工作平台

必须进一步完善街道办事处治理载体体系，搭建法定的组织化支撑平台，实现街道社区服务平台功能化。一是根据履行职能和提供服务的需要，街道要优化城市网格化综合管理中心、社区党群服务中心、社区卫生服务中心、社区事务受理中心等各类公共服务平台的布局，并提升相应的服务能级和运作效率；各个中心的任务与职能要明确划分，通过建立线上线下服务一体化，实现居民线上发出诉求、线下得到解决的治理目标，同时，不同部门不同中心的职能划分要在基于以往的治理经验上，将同类或者相互联系的事项聚集在一起，减少居民去各个中心处理事情的麻烦。二是运用大数据、物联网、区块链等技术建设群众自治平台、社会组织平台、生产生活平台、集体经济平台、大数据平台、共享经济平台等信息资源平台，变人跑路为数据跑路，实现资源的整合、共享；科技工具引入到基层治理中，不仅减少了居民跑部门办事的麻烦，而且要收集数据、分析数据，分析归纳居民的各项诉求，逐步实现在居民产生诉求之前就能解决即将给居民造成困境的问题，不仅实现将基层矛盾化解在基层，更要充分利用大数据信息，提前抑制矛盾产生，逐步实现由智能化管理到智慧化治理的转变。三是平台建设要本着"实时、互动、闭环"的原则，达到平台数据实时更新、服务者和服务对象及时互动、服务全过程形成闭环，切实减轻基层负担，快速回应群众需求，切实提升街道服务的体验感和满意感。

（2）社区体制

社区是城市社会治理的基本单元，是城市基层治理体系建设的重点。作为基层政府履行职能的"协助者"，在城市基层治理体系的诸多关系中，社区居委会处于相对核心的地位，上连政府、下达百姓，横向对接业委会及其他相关主体，因此，要健全社区管理和服务体制，整合各种资源，增强社区公共服务能力。

① 构建以党的组织体系为依托的社区治理体系

随着社会主义市场经济的深入发展，"基层群众自治制度"被确立为国家的基本政治制度，因此，城市基层治理体系建设反映到社区层面，就是健全党组织领导的社区自治体制，通过加强社区组织体系建设，提高社区居民组织化程度，完成社会再组织化的过程。社区自治体制建设不是简单地"去行政化"，而是从政府管理诉求与社区居民权益诉求的"连接点"出发，建立健全社区党组织、居民委员会、业主委员会、物业公司、各类兴趣爱好和公益团体等各类组织，大力推进上下联动、左右贯通的党的组织体系建设，构建党建引领为民服务体系，形成具有认同感与归属感的社区组织网络，实现政府治理同社会调节、居民自治良性互动，使城市社会微观单元更具活力。

② 推动社区服务的专业化、精细化、便利化

社区是提高人民幸福感、获得感、安全感的落脚点。以社区居民满意度为指标，根据居民需求变化实行动态调整，努力使服务项目更具针对性。社区治理绝不是社区工作者的一家之事，需要整合多方专业资源，弥补政府末端服务能力的不足。通过政府购买服务、设立项目资金等方面提供帮助和扶持，加快培育发展一批能快速响应"定制化"需求的社会组织。要大力倡导专业社工进社区，构建医务社工、心理社工、物业社工参与社区治理的常态化、长效化机制，满足广大居民多样性和多层次的服务需求。还要以社区居民需求为基础，整合社区服务资源，形成菜单式服务项目库，推动社区服务更加精准化、精细化、高效化。

③ 完善社区公共服务资源保障

一方面，城市政府要建立和完善社区居民委员会经费、公共服务设施保障机制。建立自上而下的资金发放和自下而上的经费申请相结合的社区经费保障制度，设立社区统一管理的专门账户，实现社区工作经费和部门专项经费的直接拨付，解决挪用挤占、截留拖欠等问题；完善社区内部生活服务保障设施，使社区内部更宜居和更便利，更好实现社区的美好生活需求，提升居民的认同感。另一方面，要建立社区治理公共物品供给的市场化、社会化

机制。政府认真负责底线民生的兜底保障，把一些政府可以不管也管不好的公共服务交给市场，向社会力量购买公共服务；进一步鼓励引导各类资源和力量走进社区，支持企事业单位在社区建设服务网点，实行社区公共产品供给的市场化、社会化、社区化。

④ 推进社区工作者体系建设

社区工作者担负着夯实党在基层执政基础、推进新时代城市基层治理的重要职责。一方面要完善社区工作者管理制度，建立社区工作者职业资格认证制度，坚持因事设岗，建立专职网格员制度，明确网格员的职能和身份属性，形成职业上升通道和所有网格员的薪酬待遇增长机制。另一方面，加强社区工作者人才引进和培养机制。对内提升能力，通过建立长效的人才培养制度，强化对在岗人才队伍业务技能培训，"老带青"的人才帮扶机制；对外加强引进力度，大力从大专院校中引进从事社会服务和社会管理的专业人才，补足干部队伍断层，建立起一批政治合格、作风扎实、业务过硬的城市基层治理人才队伍。

3. 城市基层治理体系制度机制的建设思路

新时代中国城市基层治理现代化的一个主要内容就是要通过制度机制设计的精化和细化，完善城市基层治理体系机制和体制，处理好城市基层治理主体行为的路径、规范，实现基层政府与基层社会自治的良性互动，提升城市基层治理的成效。

（1）建立完善权责清单制度

权责清单制度是中国划定政府权力边界，约束行政权力，解决政府权责不对等、权责不公开、权责不明晰等问题的制度化尝试。[①]《中共中央 国务院关于加强和完善城乡社区治理的意见》指出："各省（自治区、直辖市）按照条块结合、以块为主的原则，制定区县职能部门、街道办事处（乡镇政府）在社区治理方面的权责清单；依法厘清街道办事处（乡镇政府）和基层群众性自治组织权责边界，明确基层群众性自治组织承担的社区工作事项清单以

---

① 唐亚林，刘伟．权责清单制度：建构现代政府的中国方案［J］．学术界，2016，12：32.

及协助政府的社区工作事项清单"①。一是切实有效推进各级政府特别是基层政府权责清单制度，使基层政府职能转变落到实处，为基层社会自治创新创造更广阔的空间。二是构建社区事务、服务、任务清单管理制度，合理划分行政事务和居民生活服务的职责范围，促进社区履行好职责，切实把群众大大小小的事办好。三是推动制订和实施分类治理实施方案，实现分类指导、典型引领，提升城市基层治理的精细化水平。

（2）创新社会矛盾综合治理机制

及时化解基层社会矛盾，能够最大限度地激发基层社会活力。《中共中央关于制定国民经济和社会发展第十四个五年规划和二〇三五年远景目标的建议》指出："正确处理新形势下人民内部矛盾，坚持和发展新时代'枫桥经验'，畅通和规范群众诉求表达、利益协调、权益保障通道，完善信访制度，完善各类调解联动工作体系，构建源头防控、排查梳理、纠纷化解、应急处置的社会矛盾综合治理机制。健全社会心理服务体系和危机干预机制。"②一是把应急处置与源头治理、动态管理相结合，精准调研居民所思、所盼，把公共服务做实、做深、做细、做透。二是统筹协调各方利益关系，及时处理群众反映的问题，切实维护群众合法权益，建立完善社会矛盾纠纷滚动排查、提前预警和多元化调处机制、社会舆情分析研判机制。三是注重群防群治。"要善于依靠包括外来人员的广大群众，提高预防化解社会矛盾的能力和水平。充分发挥人民团体、群众组织、社会组织的优势，吸引、凝聚各方力量，促进矛盾纠纷化解"。③

（3）完善城市社区居民参与机制

要充分把握新时代基层居民参与治理的根本特征，激发社区治理内部活力。一是培育居民公共精神。变单向度的"灌输"为多向度的"参与"培训，通过培养居民的社会责任感、合作精神和自我管理能力，提升社区成员的整体参与意愿和参与能力。二是注重新形势下的群众路线落实。要坚持从群众中来、到群众中去，把群众满意作为开展基层参与治理的出发点和落脚点，

① 中共中央 国务院关于加强和完善城乡社区治理的意见［N］. 人民日报, 2017-06-13（01）.
② 中共中央关于制定国民经济和社会发展第十四个五年规划和二〇三五年远景目标的建议［N］. 人民日报, 2020-11-04（01）.
③ 陈雨田. 基层治理是国家治理的重要一环［N］. 南方日报, 2014-04-05（02）.

把党的群众路线贯彻到基层参与治理的各个枝节之中，要善于依靠包括外来人员的广大群众，充分发挥人民团体、群众组织、社会组织的优势。三是通过动员社区的各方力量和资源，发动全社会共同参与城市基层治理体系建设与创新，让党和政府、社会单位、社会组织、社区、商务楼宇、新媒体等全都参与进来，提高社区基层治理能力。

（4）建立健全基层干部容错纠错机制

2018 年中共中央办公厅印发的《关于进一步激励广大干部新时代新担当新作为的意见》指出，"建立健全容错纠错机制，宽容干部在改革创新中的失误错误，把干部在推进改革中因缺乏经验、先行先试出现的失误错误，同明知故犯的违纪违法行为区分开来；把尚无明确限制的探索性试验中的失误错误，同明令禁止后依然我行我素的违纪违法行为区分开来；把为推动发展的无意过失，同为谋取私利的违纪违法行为区分开来"。建立健全容错纠错机制，就是要有效防止基层干部"不出事"思维带来的懒政怠政、推诿扯皮的现象，引导党员干部树立正确的价值理念，激励基层党员干部积极主动开展基层工作，不断提升城市基层治理效能。

（三）城市基层治理体系的创新思路

在新形势下加强基层治理体系建设，推进城市基层治理的不断创新，有效地提升城市基层治理效能，是城市治理的必然选择。这就需要从治理理念、治理模式、治理手段等不同层次进行全方位创新，来提升城市基层治理水平。特别是要完善正确处理新形势下人民内部矛盾有效处理机制。"坚持和发展新时代'枫桥经验'，畅通和规范群众诉求表达、利益协调、权益保障通道，完善信访制度，完善人民调解、行政调解、司法调解联动工作体系，健全社会心理服务体系和危机干预机制，完善社会矛盾纠纷多元预防调处化解综合机制，努力将矛盾化解在基层。"① 这些为城市基层治理体系创新指明了方向。

---

① 中共中央关于坚持和完善中国特色社会主义制度 推进国家治理体系和治理能力现代化若干重大问题的决定［M］. 北京：人民出版社，2019：29.

1. 治理理念创新思路

（1）树立党建引领治理理念

以居民需求为导向，注重与基层公共服务相结合，把基层党建作为贯穿城市基层治理的一条红线，坚持党建工作和城市基层治理的中心工作、业务工作、职能工作一起谋划、一起部署、一起落实、一起考核，把党建元素和内容体现在城市基层治理体系创新的各个方面，实现党建工作与治理工作的高度融合，使党建成为城市基层治理高质量发展的动力和引擎。使党的建设贯穿基层治理、保障基层治理、引领基层治理，通过政治引领、组织引领、能力引领、机制引领，打通城市基层的每一个"神经末梢"，真正实现哪里有群众哪里就有党的工作，哪里有党员哪里就有党组织，以更快捷、更方便的途径畅通民意、汇集民智、解决民忧，成为人民群众最贴心的、最可靠的战斗堡垒。使基层社会治理政治方向不偏离，资源能力有保障，形成基层治理的有效合力，把党的领导和中国特色社会主义制度的政治优势转化为城市基层治理的强大效能。树立党建引领治理理念，一是要充分发挥党支部在城市基层治理中的政治功能和统领作用。对于社区、街道内部的换届选举、大型项目的开展、巨额资金的调配与使用等事项要经过党组织审核，同时，党的建设要作为一项重要活动在社区、街道中落实。社区内的党员作为党组织的重要组成部分，要有引领群众和服务群众的意识与觉悟，在基层建设中主动发挥自身优势，帮助党支部渗透进社区、融入每一位市民的生活中。党建引领不能只在党员群体中发挥作用，更要体现在基层治理中。通过构建以党支部为核心，党支部、居民委员会、物业服务企业等多方联动的协作机制，使各个基层服务部门之间的日常工作与党的思想引领紧密结合，才能保证党的建设贯穿于基层、保障基层、引领基层。二是要及时、准确、全面了解群众关于党建引领方面的意见与建议。群众大多不参与基层党支部内的活动，对于党组织的服务与作用更是知之甚少。基层党组织要利用好线上线下平台，通过业主微信群、召开居民代表会等方式及时向群众普及党组织的先进思想与便民政策，不定期征求居民的真实意见，不断对党组织的各项建设进行调整与完善。三是要加强各基层党组织联动，以分享经验和相互走访等方式加速各自的成长步伐。一些基层党支部在思想宣传、志愿服务、资源调配、调节民众关系等方面或者某一个方面取得了较好的成绩，并在实践中形成了一套规范、高效的行动指南，对于这些好的策略与方案，要在附近相互关联的党组织中相互传播与借鉴，尽量减少在党建引领治理上走弯路。

（2）善于运用治理思维

20世纪70年代末以来的改革开放政策推动了政府管理的行政分权、市场分权、社会分权。经过40多年的发展与变迁，中国社会开始走向多元化、差异化、离散化和复杂化，城市管理停留在被动地等待服务需求与接受上级指示的状态，已然不能满足城市日常运转与发展的需求，城市治理思维应运而生。与城市管理相比，城市治理更加强调系统治理、依法治理、源头治理、综合治理等思维逻辑，治理现代化内涵丰富，其基本理念有：治理主体多元化，包括政府、社会组织和民众；各种制度安排与各个治理主体的统一协调；维护法律权威；及时回应，讲究效率，透明度高等。[①]更新城市基层治理的基本理念，核心是要善于运用现代治理的原则和方法，从过去的政府管理思维转变为政府主导、社会协作、民众参与的多主体治理思维，既要严格规范各相关机构的治理行为，也要让有利于城市基层治理发展和建设的多方主体能够积极主动参与进来，让群众真正成为城市基层社会治理的参与者、受益者，全面推进城市基层治理的制度化、规范化、程序化。与管理不同，城市基层治理不仅要求完成维护基本公共秩序、提供公共服务、协助城市建设的短期目标，更要立足于长远的战略谋划并从根源上开展综合、系统的整治行动。这就意味着城市基层治理要从社会体制与国家制度的本质上入手，在平衡好"顶层设计"与"基层治理"关系的同时，推动城市经济、政治、行政管理等方面的创新。在顶层设计上，治理思维蕴含着以人民为中心的发展理念，要求城市基层治理构建包容新技术、新挑战的制度体系、构建"理念、制度、技术"相互贯通的治理构架，实现由数字化管理到智能化、智慧化治理的过渡。在基层治理上，要充分运用技术支撑提升管理效能，加强城市基层治理的"规模化敏捷"能力，参与城市基层治理的工作者不仅需要较高的技术素养，更需要具备规模化处理事务的能力，对群众反映的问题要有更加敏捷的感知力，站在城市发展的全局解决基层治理中的任何问题，不

---

① 陈雨田. 基层治理是国家治理的重要一环［N］. 南方日报，2014-04-05（02）.

能以完成管理任务为目标，片面而非系统、初步而非彻底地处理群众反馈的问题。

（3）强化矛盾预防理念

城市基层社区是人们居家生活、公共服务的最基础平台，成为社会问题和社会矛盾预防化解的最源头防线。基层治理面向各类群体，处理的矛盾具有多样性和复杂性。与此同时，诸多城市在基层治理上面临着群众对政府人员办事能力存在质疑和基层政府工作人员人数配置不足、能力不能满足当前基层治理需要的双重困境。如何通过加强和创新城市基层社会治理，将矛盾纠纷化解在基层，解决在一线，成为一个亟待解决的重要课题。从已有的经验看，预防是最经济最有效的治理策略，充分认识城市基层治理的复杂性、特殊性和不确定性，通过有效加强系统治理、依法治理、综合治理、源头治理，把党员干部下访和群众上访结合起来，使城市基层治理各环节、各层次、各领域形成由点成线、由线成面的治理格局，不断提升城市基层治理体系的韧性，不断提高城市基层治理的能力水平。处理错综复杂的基层社会矛盾需要多个部分和多方主体共同参与进来，基层部门的组织构架和人员配置需要进一步优化和丰富，要以强化预防理念为目标，协同多方力量构建基层治理格局。当前负责城市基层治理的工作人员在专业性和工作经验上均有所欠缺，在这一理念的驱动指导下，为了实现矛盾不上升到更为激烈的层面，政府应当在人员培训以及人员配置上作出相应的调整。为了筑牢矛盾化解在基层的这道防线，仅靠党员干部下沉和群众积极反馈意见是不够的。各基层组织应当充分挖掘组织内部人才资源，选拔出有一定群众根基的代表人物协助治理，比如退休的老干部、有专业特长的退休人员及其他受到群众爱戴的人员，通过一定形式的聘用让他们参与到矛盾化解与防范中，这些人员在基层矛盾化解中发挥着弥补当前基层工作者经验不足的作用，并能够利用身份优势，准确了解矛盾产生与激化的原因，会大力保证城市基层治理能够将矛盾化解在基层。

（4）丰富技术治理理念

改革开放 40 多年来，中国经济发展和社会变迁极大增强了城市基层治理的复杂性，新时代呼唤全新的治理理念和治理形式。"技术治理"为当前基层社会治理转型提供了方向，符合城市基层社会治理运行机制的提高社会运行效率和增进社会福祉这一深层次要求。一方面，技术治理理念区别于外部协调治理理念、内部整合治理理念。外部协同治理理念强调各层社会主体参与城市共治，内部整合治理理念侧重政府、职能部门提升基层治理能力并在各部门之间形成联动机制。技术治理理念则体现了从对人的管理、对物的管理到数字化管理的转变。另一方面，技术治理借助信息技术将城市管理所面向的对象进行数字化处理，在动态监控社会风险、处理和接受民众意见、传播新的服务政策等方面显示出前所未有的高效性和准确性，在推动城市精细化治理和促进城市现代化建设上占据显著优势。技术治理的本质是权力和资源的一种组织方式，其核心指向应该是"清晰化"治理，要认清技术治理到底是治理的技术化还是技术的治理化，是体现治理的逻辑还是体现技术的逻辑，避免在治理思路上陷入忽略人的主体性的治理技术化的短板，出现"只见数据不见人"的工具化治理的弊端。所以，要使技术治理理念的形式化追求让位于制度化努力与价值性诉求，把数据所呈现出的事实放到社会结构中检验，以便更好地释放城市基层治理活力。技术治理理念要在中国城市治理现代化中体现中国城市治理的逻辑性，在超大规模国家中，要利用好技术优势服务于基层治理，运用现代信息技术和大数据打造新型智慧城市。一些省份在党政上运用技术治理实践于政法综治领域，初步搭建社会矛盾预防和化解、公共安全保障、社会治安防控智能化平台。在当前阶段，基层技术治理的成效难以进行系统评估，但是在推进现代化城市建设上已发挥着不可替代的作用。社会治理在人脸识别、虹膜识别、算法判断等技术的支持下，越来越能够精准、稳定地控制风险。与此同时，在技术治理理念深入城市基层治理实践的过程中，要防范过度技术化、数据化给公众带来个人隐私泄漏的问题，预防技术治理带来的责任归属不明确的问题，要守住信息技术和网络空间的秩序与话语权，把握技术治理的尺度与服务功能，不能本末倒置，不能将追求技术治理作为城市治理的目的，而是运用技术有效服务于基层治理，合理利用数据、科技手段协助城市治理。

2. 治理模式创新思路

（1）加强传统治理模式与现代治理模式的融合创新

城市基层治理经历了由传统模式到现代模式的变迁，新时代中国特色社会主义基层治理蕴含着丰富的思想内涵，既包括对传统基层治理模式的传承与弘扬，对现代管理模式的探索与丰富，还包括对传统治理模式与现代治理模式的有机融合与创新发展。改革开放前，中国基层治理体系以"单位制"和自上而下的传统管理模式为主。随着城镇化和市场化的深入推进，城乡人员流动、职住分离、各种利益关联交汇、多种服务需求旺盛，社区成为城市基层治理的主要载体和机制，以党政机关和各类企事业单位为基础的传统治理模式很难适应社会发展的需求，因此需要引入与之相适应的现代治理模式。但是，这种治理模式的转变不是彻底抛弃传统的模式，让基层政府彻底退出基层治理领域，而是如何在基层政权领导下，更好地实现基层政府治理与基层社会自治的良性互动。不是要削弱以群众路线为主的基层治理工作模式，而是继续坚持把党的群众路线贯彻到基层工作的各个枝节之中，把问需于民、问计于民作为基层治理的必要考量，使基层治理工作呼应民心、顺应民意。在提升基层社会治理水平方面，要在坚持传统的政府主导的治理模式中融入多方主体参与、投入信息技术、搭建人才资源队伍等符合现代化治理需求的新发展思路。政府在基层治理中仍要继续承担引领、统筹、协调、控制的责任，坚持党的领导，不断完善构建自治、德治、法治的基层治理格局。因此，在新时代的治理体系中，要联动各方力量，形成共建共享的发展格局。传统的城市基层治理人才队伍已不能完全满足当前的治理需求，在推进城市治理现代化的进程中，要加大人才资源下沉，将传统的人才队伍与新一批的人才队伍有效组建在一起，为传统的组织注入新的发展活力。在坚持为人民服务的理念方面，要继续走群众路线，将为市民提供服务和解决市民的问题作为政府治理城市中的重点。在原先传统的以解决问题为导向的工作思路上，要进一步转向以发现问题为导向。中国城市发展已进入超大城市的新阶段，仅关注解决问题的传统工作思路难以真正解决问题，当前各项矛盾复杂性、综合性突出，解决市民的一个问题无法根治问题，也难以保障工作效率和质量。因此，在新的发展阶段，要融合现代化治理思维，追根溯源并深入基层，发现潜在的问题并在萌芽阶段解决问题，这样才能满足新时代民众对政府服务的要求，才能做到真正站在人民的角度为人民思考问题和解决隐患。

（2）完善多元主体共治模式

城市基层治理体系创新要坚持完善社区治理模式，为基层社会自治创新创造更广阔的空间，激发社会组织活力。《中共中央关于全面深化改革若干重大问题的决定》指出："正确处理政府和社会关系，加快实施政社分开，推进社会组织明确权责、依法自治、发挥作用。适合由社会组织提供的公共服务和解决的事项，交由社会组织承担。支持和发展志愿服务组织。"①因此，要在基层政府的指导下，不断加强对社会组织发展的基础上引导、规范和扶持，促进社会组织不断实现自身结构和功能优化，释放更多的社会活力，使其在城市基层治理中能够真正发挥应有的作用，这是实现基层治理现代化的内在要求。多元主体参与城市共治是顺应中国社会主要矛盾转化的应有之义，是实现科学化、精细化治理的良策。新时代下的城市基层治理必须体现民主性，民众参与共治一方面有利于实现满足人民日益增长的美好生活需要的目标，体现为人民服务的核心理念，使得城市管理能够回归人本身；另一方面可以激活基层自治的能力，政府通过进一步下放部分职能和资源到更小的单元，乃至业主本人身上，以推动实现居民的自我服务、自我管理、自我决策、自我监督。进一步完善多元主体共治需要为主体参与自治搭建制度化平台。制度化平台是鼓励各大主体参与城市基层治理的政策保障，一是让民众和企业有参与城市基层自治的合理性，加强城市主体参与城市共建的责任意识。二是提供一个可以充分表达意见的渠道，在理性化的民主社会，所有人的意见都要被考虑到。当前城市面对庞大的居民人口及其多样性的需求，要实现精细化治理就必须达到广泛且精准收集到群众意见的目标。"政府引领、社会参与、居民自治"的多元共治模式借助制度支持和政策落实，在城市管理、社区治理、居民生活上发挥着各自的优势，并通过共治相互弥补在各个环节中的不足之处，对社会治理现代化具有重要意义。多元主体共治的局面也可能会出现权责不明，相互推诿的现象。基于此，在大力提倡多元主体参与共治时，要同步部署责任边界，加强监督和控制，避免产生推卸责任和不良的投机行为。

（3）落实落细落地城市基层治理"互联网"模式

进入 21 世纪，随着移动互联网等新技术、新应用的不断普及，网络已经几乎深入到了我国社会的各个角落。信息化新技术促成并支撑各种要素的大

---

① 中共中央关于全面深化改革若干重大问题的决定［N］. 人民日报，2013-11-16（01）.

规模集聚和扩散，在使人类的社会生活方式日益转向"平台化"的同时，也使传统的身份管理、属地管理等城市基层治理模式面临着无法适应的困境，这是互联网时代城市基层治理模式创新面临的首要问题。这就要求基层党组织和基层政府要善于运用互联网模式领导社会治理，主动搭建或运用各种社会组织平台，把物理网格与大数据网格叠加起来，调动各类主体的积极性，把新兴群体组织起来，用平台的力量让社会充满活力，构建社会和谐治理大格局。在城市基层治理中，"互联网"模式融合了线上线下治理体系，有效地将政府、社区、街道办事处、居民、企业等多方主体联系在一起，实现了信息互通，精简了办事流程并提供了一个多元主体参与共建共享的平台。当前在实际的社区治理中，互联网思维意识较为薄弱，社区治理主体的思维模式处在传统阶段，运用互联网解决的问题局限在信息传播与沟通交流中，在决策和规划等层面上涉及的"互联网"模式较少。此外，由于当前社区内的智慧服务系统承担的功能与居民的迫切需求之间存在一定差距，大部分居民在完成繁重工作任务之余不太趋向参与到社区的治理中。为进一步落实落细落地城市基层治理"互联网"模式，可以从提升治理主体在城市基层治理方面的互联网思维及素养上着手，当前诸多互联网企业在新时代背景下逐步摸索出了一套"互联网"工作模式，具有应急能力迅速、紧跟时代热点、精准掌握用户偏好的能力，在城市基层治理中，要借鉴和学习企业的这种互联网思维，并有机融合进城市管理中，形成有效运用互联网技术、高效地解决居民问题的工作模式，并提升城市在不断变幻的世界发展格局中稳步向前发展的能力。在互联网技术的运用上，要更多地考虑居民的可用性与方便性。例如，可以将平台以微信公众号、小程序等方式呈现给公众，以减少公众在下载和安装软件上的麻烦。在互联网空间的搭建上，要尽可能构建一个雅俗共赏、贴近生活、时事、热点的平台，注重文案设计、图文吸引，设置激励模式，让居民对关注并参与城市基层治理更感兴趣。此外，要有效利用网络进行道德宣传与政治引领，以居民的切身利益为切入点，在社区内传播正面事迹与反面教材，一方面构建一个清风正气的网络空间，另一方面普及法律常识和生活常识等，预防一些可避免的不当言行。社区的网络平台要与政府部门官网信息实现互通，与其他便民的网络办理平台对接，方便居民获取信息和办理业务，以提高社区平台的实用性与功能性。

（4）健全精细化服务的网格化治理模式

自 2004 年北京市东城区首创网格化管理模式以来，网格化治理是当前基层社会治理创新的主要探索方向①。网格化治理模式是我国在实现国家治理能力现代化进程中的一项创新性改革，是具有中国特色的城市基层治理模式，体现了精准性、科学性、服务性、高效性、自主性。但是在未来城市发展上，还需要对这一模式进一步健全，尽量规避这一模式带来的风险，充分发挥这一创新模式在中国特色社会主义环境下的显著优势。化解当前网格化治理模式存在风险需要"新思维"，将网格化治理定位在维护基层社会秩序和提供便民服务上，增强网格"细致入微"的服务作用，网格员们不仅需要认真排查各种问题，而且需要积极与网格内的居民进行沟通交流，并对接相关职能部门，协助群众解决困难并满足他们的个性化需求，充分发挥网格化治理在精细化管理和精准化服务上的效能，缓解城市基层治理发展中的不充分问题。首先要完善法律依据，合理将权力下放到基层中。社区在基层治理中看似完成了上级部门指派的各项任务，但是实则是处在被动接受工作的状态，谈不上对基层进行管理，更达不到治理的高度，这对实现精细化城市治理、实现治理体系和治理能力现代化造成了较大的阻碍。为了让网格管理员更好地承接国家权力，承担起社区治理责任，以最大化的主动性和积极性投身基层治理，需要在相关法律条文上进一步完善，在适当放宽网格管理员的权力与义务的同时，明确其权力边界与责任范畴，使网格化治理模式具有灵活性与规范性。其次，居民、企业、志愿服务队伍等社会资源都属于构成网格化管理的结点，每个城市主体都应该在各自的结点上发挥作用，以提升社会治理的软实力。可以通过引入青年志愿服务团队参与基层建设，通过志愿者的热心服务与无私奉献感染其他公众，从而吸引更多主体参与到网格化治理模式中，使得网格交织得越来越紧密，城市的凝聚力和向心力越来越集中。此外，可以引入区块链技术协助健全网格化治理模式。民众在区块链技术的支持下，进入网格化管理服务体系中，并及时在系统中反映诉求，网格管理员将其意见反馈到其他政务系统，并基于民众反馈意见及时调整工作行为与方向，这

---

① 祁文博. 网格化社会治理：理论逻辑、运行机制与风险规避［J］. 北京社会科学，2020，1：119.

样使得民众能够顺利进入网格化管理体系中，他们反映的诉求也能成为管理人员开展各项工作和调整政策的重要依据，政务系统也可以通过收集到的各种诉求不断改进制度方针，真正实现为城市主体服务。

3. 治理手段创新思路

（1）推进党的基层组织设置和活动方式创新

新时代推进基层治理现代化，就是从党建引领的倡导作用、整合作用、协调作用入手，按照有利于加强党的领导、开展党的组织生活、党员教育管理监督、密切联系群众的原则，探索创新党组织设置方式，探索新发展阶段党领导基层社会治理的有效载体和方法，把"互联网＋"纳入基层党建与社区治理中，努力使每一名党员都纳入党组织的有效管理，提升基层党组织的组织力，有效解决一些基层党组织在基层治理中的弱化、虚化、边缘化等问题。在党的基层组织设置上，各社区基本上形成了以党委领导为核心，社区服务中心、社会组织、居民以及其他行政部门为共治主体的格局，即"一核多元"。在此基础上，要推进多元主体与党委领导核心之间的联系，加强互动与融合，落实"一核多能"的基层治理创新。党的基层组织设置要延展到社区服务中，基层党建要与群众相关联，政府治理要发动群众参与、多元化服务供给要服务于群众需求，政府与社会、社区与居民、居民与政府之间要在基层党组织的关怀与引导下实现长期良性互动，以推动多元主体履行在多元共治中承担的责任。在活动方式创新上，基层党组织要在城市基层治理中以完善系统服务、自我服务、引导服务、治理服务、文化服务、智慧服务、依法服务为目标，增强各项党建工作的创新性与实用性。一是在系统服务上，要整合各项资源落实各区域党建工作，统筹协调区域内的社区党建、单位党建、行业党建等，对于一些新兴的商务楼区、商圈市场、互联网企业等社会主体要实现党建活动的互联互动，统一步调与方针，形成党建引领城市基层共治的强大合力。各地区的党建服务中心与党群服务中心要进一步设立完善，配置足够数量的人才队伍，帮助党员群体找到组织，指导并监督各类主体开展党建活动，使得区域内党建活动的开展形成一个完整的闭环，由党建服务中心指引工作，社会、民众、部门落实任务并反馈意见，最后再由党建服务中心监督成果和进一步优化各项活动设置，为下一次党建活动积累经验并逐步完善党建活动流程。二是在自我服务上，要加强基层党组织建设，为社区基本党建工作提供物质保障和制度支持。就基层党组织的办公场所、活动经费及工作补贴等问题，要积极开展相应的活动了解实情，以合理向各大基层党组织分配资源，既不能让社区党组织为了"柴米油盐"等物质上的保障发愁，又不能出现资源分配不平衡，造成一方资源过剩一方资源紧缺的现象。基层党组织内成员的培训活动也要有计划性开展，从严管理社区内的党员，严格处分不合格的党员，明确组织内部的纪律，加强社区内所有党员同志及工作人员的党性修养。三是在引导服务上，要有效有序推动民众参与到城市基层治理中，并监督各项党组织活动开展和提供反馈意见。各项活动的开展要坚持"组织该做的事绝不推诿、群众能管的事绝不包办、社会可做的事绝不越权"的理念，厘清社会治理的权利界限、为各方参与治理创造条件、激发社会组织的强大活力。四是在文化服务上，要将党建工作与文化育人相融合，创新性地开展各项文化交流活动，营造积极健康、爱党爱国的社会道德风尚。在线下，要鼓励群众走进剧院剧场，观看歌剧舞剧等，以高雅的文化艺术熏陶让民众感受和了解城市的文化、国家的文化，从而树立热爱故土、以投身社区建设为荣的主流价值观。在线上，要把握好各类社交平台与网络空间，通过开展特色活动，吸引民众了解社区内文化建设，并以生动的方式向社区民众普及知识与文明，构建一个和谐、向上、富有内涵的网络空间。五是在智慧服务上，要落实"互联网＋"行动，完善构建网络沟通渠道、全面推进网格化管理、开辟网上服务通道。基层党组织要积极开展互联网思维的学习与交流活动，激发党员同志与工作者们的思维创新能力，顺应时代发展潮流，更新传统的工作模式与思想内容，运用互联网思维更好地开展智慧型服务。六是在依法服务上，要进一步积极开展法律普及活动。许多民众容易陷入法律常识盲区，出现不懂法而无意违法、因不懂法而掉进违法分子的圈套等现象，这对社区基层治理产生了较大的影响。为了进一步维护社区稳定、城市稳定及国家稳定，基层党组织要联合社区开展多种形式的法律常识普及活动，并在社区内设立法律资源部门，及时为社区内的居民提供法律咨询，将各项违法活动的火焰浇灭在萌芽之中。

（2）完善公众参与社区治理的平台创新

充分利用互联网技术优势，不断创新"互联网＋党建＋社区治理"方式，通过技术创新"融合传统党建优势和现代信息技术的优势，促进各类组织在基层联动、资源在基层统筹、服务在基层拓展、问题在基层解决、民心在基层凝聚"①。在区域化、网格化党建基础上进一步创新统一性的基层综合服务管理平台，建立健全基层治理信息数据库，以社区党群服务中心为空间依托，将党组织覆盖到各类社会组织，形成居民自治性组织、社会力量和广大群众参与社区治理的平台机制。为进一步完善构建公众参与社区治理的平台，要在理念和制度上进一步完善与创新。首先，在治理理念上，要由原先的分离治理转变为连接治理。在构建社区治理平台的过程中，要注重以平台为媒介，连接参与城市治理的各大主体，特别是要在加强政府与公众之间的联系上下功夫。对于公众的各种诉求、问题、建议要在平台中有所体现，并建立数据库，依据逐年累月的数据资源和数据分析结果，逐步了解和预测公众的现实需求与未来可能的需求。政府与公众之间不是分离的主体，而是相互连接、相互依存的。在平台设计上，要拉近政府与公众之间的距离，要让公众在平台上反应的结果可以直接反馈到相关政府部门中，并且上一级政府机关可以随时查看民众在平台上提出的诉求及诉求后期的解决动向。在治理对象、治理资源、治理工具、治理要素等方面也要借助平台将其有机连接在一起，以便将所有与城市基层治理相关的信息要素汇集在一起，减少城市基层治理的盲点、断点、堵点。其次，在治理制度上，要借助平台实现从区域治理到整合治理的转变。各个区域、各大城市的平台之间要建立联系，以解决数据割裂、信息阻断、资源垄断等问题。一些地区的公众可能在参与基层治理上具有较高的积极性与主动性，在区域搭建的平台上提出了较多的意见，导致区域管理者一时难以处理大量信息或者对信息利用不充分导致资源浪费，而另一些地区的公众参与度低，平台上获取的信息有限，使得这一区域管理者无法利用信息技术获取数据资源。不同地域之间的居民在诉求上会有相似之处，因此要在搭建各个地区的平台的基础上，整合所有民众参与的基层治理平台，实现数据互通、分享数据红利、增强不同地域之间治理的协调性。②

---

① 王保彦，邸晓星. "互联网＋党建"精准服务群众研究——以天津红桥区"微实事工作室"为例 [J]. 中共天津市委党校学报，2019，2：26.

② 陈水生. 迈向数字时代的城市智慧治理：内在理路与转型路径 [J]. 上海行政学院学报，2021，5：51-57.

（3）不断创新全周期基层治理方法

树立"全周期管理"意识，按照系统集成的逻辑从时间、空间和层级上再造城市基层治理的完整链条，创新从源头抓起、抓好全程的城市基层治理方法，实现全流程、全要素、动态治理，"进而改变基层治理主体内部、各层级治理主体之间以及治理主客体之间的关系架构，建构一个治理主体更多元、治理层级更明确、治理机制更联动、治理边界更清晰的基层治理新体系，以推动基层治理迈向多元、自主、集约、协同、高效的根本性转变"①，不断增强城市基层治理的前瞻性、主动性、有效性。这就要求树立"全周期管理"意识，努力探索城市现代化治理的新路。"全周期管理"思维体现全过程、全方位、全要素的闭环管理，对破解基层治理困局、顺应现代化治理要求、推进社会治理创新、实现精细化、精准化管理具有重要意义。"全周期管理"强调系统性，要进一步强化过程管理；强调协同性，要具有大局意识；强调有序性，对于管理对象和管理要素要分层分类进行精细化管理；强调智能化，运用信息技术将硬件设施和软件设施有效结合起来，充分掌握基层治理中的各项数据资源。全周期基层治理要求各个环节形成一个完整的"链条"，使得民众的多样化需求能够及时、有效、顺畅地得到满足，避免不同环节中的程序出现重复、服务缺漏等现象。

虽然我国城市基层治理能力不断提升，但是在基层治理中仍然存在治理缺乏协调性、衔接性、有序性等问题。全周期基层治理的首要前提是要实现多方主体协调配合。在具体的基层治理中，通常会出现政府与市场的力量较大，而社会的力量较小的局面，社会力量没有被赋予足够的权力和职能，就会导致公众参与基层治理受限。因此，为进一步实现全周期管理，首先就要解决不同力量主体之间的不协调问题。城市未来的发展战略要以更加包容、更加开放的方式逐步淡化传统的以管理为目的的行政秩序，扩大社会主体参与治理的自主权，进一步平衡政府、市场、社会三方主体力量，充分发挥社会主体的资源优势。其次是要加强基层治理的衔接性。全周期基层治理体现的是在一定时间线上各个环节的有效配合与衔接，城市的健康发展需要一个完整的链条支撑起不断变化的发展环境，各个治理要素与环节需要在链条范

① 倪明胜. 以"全周期管理"重塑基层治理格局［N］. 光明日报，2020-03-31（02）.

围内有效、统一运行。在现实治理中经常出现"头疼医头、脚疼医脚"的治理困境，主要是缺乏全周期管理意识，在基层治理中缺乏衔接资源、主体、要素的能力。最后是要突破基层社会源头治理无序化的困境。源头治理要根据行业、领域、单位之间的差异追根溯源，在风险预测、过程监管、结果反馈等过程中有序推进、发现并解决问题。

（4）创新适合本地区本区域吸引青年力量的基层治理方式

青年参与到社区治理中，对提升基层治理活力、提高社区治理效能具有较大的推动作用。但是在当前的大部分社区治理中，青年群体所占据的比例非常低，中老年群体构成社区治理队伍的主要部分，这种年龄结构严重失衡的现象在较长时间内难以得到改善。当前我国城市快速发展，对城市基层治理工作者与管理者的能力需求越来越高，而现实中的人员队伍在综合能力、职业素养、精力体力、思维方式等方面与现代化建设对人才的要求之间存在一定的距离。青年群体占据着天然的专业优势、年龄优势、思维优势及学习能力优势，如果区域基层治理队伍吸纳更多的青年人才，必定会如虎添翼，给基层治理增添更多的发展动力。面向未来，吸引青年参与社区治理，是激发社区活力、提升社区治理效能的关键。以网络为平台，结合青年人时间散碎但具有专业优势的特点，创新"社区工作者＋党员＋志愿者＋大学生＋"服务工作法，让他们在社区活动中找到自我价值和归属感，进一步完善基层群众自治机制和社区志愿者激励机制，充分激励他们深入参与社区管理，从而达到促进社区发展治理能力持续提升的目的，真正形成居民共建共治共享的社区治理共同体。

然而，处在具有较大竞争压力的现代社会，青年群体在自身的工作投入上已经花费了大量的时间和精力，很难再抽出时间在社区基层治理中奉献自己的能力。政府、社区、企业三方对于青年群体参与基层治理也没有提供明确的支持和制度保障，因而很少有年轻人走入社区，参与社区基层治理的更是少之又少。即使存在一些由青年组成的社区治理队伍，但由于缺乏组织保障，使得这一群体难以在基层治理中发挥他们原应该体现的作用。一些已经成立的青年社区组织处在起步阶段时，自身实力较小，人才队伍的专业性和稳定性都难以长期得到保障，在项目经费、办公场所等物质基础上也缺乏固定的支持，并且社区居民及居民委员会普遍且长期认为社区服务具有公益性，因此目前现存的青年社区服务团队很难从其他方面获得物质支持，"造血"能力差，青年群体的服务热情极有可能被扼杀在萌芽阶段。再就是基于中国经济发展的历史背景，社会主义市场经济体制重塑了新一代群体的规则意识，一方面对于政府管控有着较多的依赖，另一方面对于自身利益有着较高的防范和保护意识，这种依赖心态和功利心态使青年群体很容易衍生出"事不关己，高高挂起"的心理和行为方式，新一代的青年群体在特定的时代背景和竞争压力下，在参与公共服务方面的文化明显区分于老一辈群体，这也是参与基层治理的青年群体基数难以扩大的内在原因。

青年群体对于新时代的居住需求、生活需求、工作需求有着天然的感知力与洞察力，他们融入基层治理是时代发展的要求，也是基层治理能力可持续提升的要求。基于以上青年群体参与社区治理面临的制度困境、组织困境、文化困境，需要通过政府主动搭台消除隐形门槛、细化完善制度规范、孵化多元社区组织、培育参与式社区文化等路径创新推动青年走进社区、服务社区、治理社区。政府在基层治理参与主体的设置上，要明确要求人员队伍中青年群体占据的比例，通过制定各项鼓励政策，如联动企业与社区，将青年群体在社区中的良好表现记录到个人档案中，根据企业招聘此类人才占据总体员工比例给予企业相应的扶持政策等，这样既能够调动青年群体参与基层治理的热情，也能为企业在选拔人才时提供一定的参考依据，企业也能因此获得政府的帮扶政策，最为重要的是给社区基层治理输送了源源不断的青年力量。在社区基层治理中拥有足够的青年资源后，进一步细化的制度政策要能够与之匹配，保障青年群体的优势能在基层治理中充分发挥。青年群体要有参与社区议事的义务，有发表见解和参与决策的权利，相应的操作流程和规范化程序要根据社区的实际情况确定，并严格按照要求执行。就青年群体参与基层治理权益保障问题，相应的部门要建立直接的渠道供他们进行申诉和维护其权利。最为重要的是要畅通网络基层治理平台，方便让青年群体利用碎片化的时间参与到基层治理中，打造高效的网络治理空间，推进线上线下基层治理有机融合，让青年群体在网络空间的虚拟意识逐步映射到实际的基层治理中。对于青年社区组织的建立与发展，政府要进一步提供资金支持和硬件设施保障，要指派有经验的人员指导新建立的青年社区组织开展各项工作，帮助其提升在公众中的公信力，不断提高他们实际参与治理的能力，

会治理方式的平台作用。完善基层社会治安防控体系，健全防范涉黑涉恶长效机制。健全乡镇（街道）矛盾纠纷一站式、多元化解决机制和心理疏导服务机制。

四、健全基层群众自治制度

（一）加强村（居）民委员会规范化建设。坚持党组织领导基层群众性自治组织的制度，建立基层群众性自治组织法人备案制度，加强集体资产管理。规范撤销村民委员会改设社区居民委员会的条件和程序，合理确定村（社区）规模，不盲目求大。发挥村（居）民委员会下设的人民调解、治安保卫、公共卫生等委员会作用，村民委员会应设妇女和儿童工作等委员会，社区居民委员会可增设环境和物业管理等委员会，并做好相关工作。完善村（居）民委员会成员履职承诺和述职制度。

（二）健全村（居）民自治机制。强化党组织领导把关作用，规范村（居）民委员会换届选举，全面落实村（社区）"两委"班子成员资格联审机制，坚决防止政治上的两面人，受过刑事处罚、存在"村霸"和涉黑涉恶及涉及宗族恶势力等问题人员，非法宗教与邪教的组织者、实施者、参与者等进入村（社区）"两委"班子。在基层公共事务和公益事业中广泛实行群众自我管理、自我服务、自我教育、自我监督，拓宽群众反映意见和建议的渠道。聚焦群众关心的民生实事和重要事项，定期开展民主协商。完善党务、村（居）务、财务公开制度，及时公开权力事项，接受群众监督。强化基层纪检监察组织与村（居）务监督委员会的沟通协作、有效衔接，形成监督合力。

（三）增强村（社区）组织动员能力。健全村（社区）"两委"班子成员联系群众机制，经常性开展入户走访。加强群防群治、联防联治机制建设，完善应急预案。在应急状态下，由村（社区）"两委"统筹调配本区域各类资源和力量，组织开展应急工作。改进网格化管理服务，依托村（社区）统一划分综合网格，明确网格管理服务事项。

（四）优化村（社区）服务格局。市、县级政府要规范村（社区）公共服务和代办政务服务事项，由基层党组织主导整合资源为群众提供服务。推进城乡社区综合服务设施建设，依托其开展就业、养老、医疗、托幼等服务，加强对困难群体和特殊人群关爱照护，做好传染病、慢性病防控等工作。加强综合服务、兜底服务能力建设。完善支持社区服务业发展政策，采取项目示范等方式，实施政府购买社区服务，鼓励社区服务机构与市场主体、社会力量合作。开展"新时代新社区新生活"服务质量提升活动，推进社区服务标准化。

五、推进基层法治和德治建设

（一）推进基层治理法治建设。提升基层党员、干部法治素养，引导群众积极参与、依法支持和配合基层治理。完善基层公共法律服务体系，加强和规范村（居）法律顾问工作。乡镇（街道）指导村（社区）依法制定村规民约、居民公约，健全备案和履行机制，确保符合法律法规和公序良俗。

（二）加强思想道德建设。培育践行社会主义核心价值观，推动习近平新时代中国特色社会主义思想进社区、进农村、进家庭。健全村（社区）道德评议机制，开展道德模范评选表彰活动，注重发挥家庭家教家风在基层治理中的重要作用。组织开展科学常识、卫生防疫知识、应急知识普及和诚信宣传教育，深入开展爱国卫生运动，遏制各类陈规陋习，抵制封建迷信活动。

（三）发展公益慈善事业。完善社会力量参与基层治理激励政策，创新社区与社会组织、社会工作者、社区志愿者、社会慈善资源的联动机制，支持建立乡镇（街道）购买社会工作服务机制和设立社区基金会等协作载体，吸纳社会力量参加基层应急救援。完善基层志愿服务制度，大力开展邻里互助服务和互动交流活动，更好满足群众需求。

六、加强基层智慧治理能力建设

（一）做好规划建设。市、县级政府要将乡镇（街道）、村（社区）纳入信息化建设规划，统筹推进智慧城市、智慧社区基础设施、系统平台和应用终端建设，强化系统集成、数据融合和网络安全保障。健全基层智慧治理标准体系，推广智能感知等技术。

（二）整合数据资源。实施"互联网＋基层治理"行动，完善乡镇（街道）、村（社区）地理信息等基础数据，共建全国基层治理数据库，推动基层治理数据资源共享，根据需要向基层开放使用。完善乡镇（街道）与部门政务信息系统数据资源共享交换机制。推进村（社区）数据资源建设，实行村（社

区）数据综合采集，实现一次采集、多方利用。

（三）拓展应用场景。加快全国一体化政务服务平台建设，推动各地政务服务平台向乡镇（街道）延伸，建设开发智慧社区信息系统和简便应用软件，提高基层治理数字化智能化水平，提升政策宣传、民情沟通、便民服务效能，让数据多跑路、群众少跑腿。充分考虑老年人习惯，推行适老化和无障碍信息服务，保留必要的线下办事服务渠道。

七、加强组织保障

（一）压实各级党委和政府责任。各级党委和政府要加强对基层治理的组织领导，完善议事协调机制，强化统筹协调，定期研究基层治理工作，整体谋划城乡社区建设、治理和服务，及时帮助基层解决困难和问题。加强对基层治理工作成效的评估，评估结果作为市、县级党政领导班子和领导干部考核，以及党委书记抓基层党建述职评议考核的重要内容。市、县级党委和政府要发挥一线指挥部作用，乡镇（街道）要提高抓落实能力。组织、政法、民政等部门要及时向党委和政府提出政策建议。

（二）改进基层考核评价。市、县级党委和政府要规范乡镇（街道）、村（社区）权责事项，并为权责事项以外委托工作提供相应支持。未经党委和政府统一部署，各职能部门不得将自身权责事项派交乡镇（街道）、村（社区）承担。完善考核评价体系和激励办法，加强对乡镇（街道）、村（社区）的综合考核，严格控制考核总量和频次。统筹规范面向基层的督查检查，清理规范工作台账、报表以及"一票否决"、签订责任状、出具证明事项、创建示范等项目，切实减轻基层负担。做好容错纠错工作，保护基层干部干事创业的积极性。

（三）保障基层治理投入。完善乡镇（街道）经费保障机制，进一步深化乡镇（街道）国库集中支付制度改革。编制城乡社区服务体系建设规划，将综合服务设施建设纳入国土空间规划，优化以党群服务中心为基本阵地的城乡社区综合服务设施布局。各省（自治区、直辖市）要明确乡镇（街道）、村（社区）的办公、服务、活动、应急等功能面积标准，按照有关规定采取盘活现有资源或新建等方式，支持建设完善基层阵地。

（四）加强基层治理队伍建设。充实基层治理骨干力量，加强基层党务工作者队伍建设。各级党委要专门制定培养规划，探索建立基层干部分级培训制度，建好用好城乡基层干部培训基地和在线培训平台，加强对基层治理人才的培养使用。推进编制资源向乡镇（街道）倾斜，鼓励从上往下跨层级调剂使用行政和事业编制。严格执行乡镇（街道）干部任期调整、最低服务年限等规定，落实乡镇机关事业单位工作人员乡镇工作补贴政策。建立健全村（社区）党组织书记后备人才库，实行村（社区）党组织书记县级党委组织部门备案管理。研究制定加强城乡社区工作者队伍建设政策措施，市、县级政府要综合考虑服务居民数量等因素制定社区工作者配备标准；健全社区工作者职业体系，建立岗位薪酬制度并完善动态调整机制，落实社会保险待遇，探索将专职网格员纳入社区工作者管理。加强城乡社区服务人才队伍建设，引导高校毕业生等从事社区工作。

（五）推进基层治理创新。加快基层治理研究基地和智库建设，加强中国特色社会主义基层治理理论研究。以市（地、州、盟）为单位开展基层治理示范工作，加强基层治理平台建设，鼓励基层治理改革创新。认真总结新冠肺炎疫情防控经验，补齐补足社区防控短板，切实巩固社区防控阵地。完善基层治理法律法规，适时修订《中华人民共和国城市居民委员会组织法》、《中华人民共和国村民委员会组织法》，研究制定社区服务条例。

（六）营造基层治理良好氛围。选树表彰基层治理先进典型，推动创建全国和谐社区。做好基层治理调查统计工作，建立基层治理群众满意度调查制度。组织开展基层治理专题宣传。

北京市街道办事处条例

（2019 年 11 月 27 日北京市第十五届人民代表大会常务委员会
第十六次会议通过）

目　　录

第一章　总　　则

第一条　为了规范、保障街道办事处依法履职，构建党委领导、政府负责、多元共治、简约高效的基层公共服务、城市管理和社会治理体制，推进基层治理体系和治理能力现代化，根据《中华人民共和国地方各级人民代表大会和地方各级人民政府组织法》等法律、行政法规，结合本市实际，制定本条例。

第二条　本市围绕首都城市战略定位，以党建引领基层治理创新，充分发挥党组织总揽全局、协调各方、服务群众的作用，立足基层服务管理，深化街道管理体制改革，构建党建引领、区域统筹、条块协同、上下联动、共建共享的街道工作新格局，建设新时代文明街道、活力街道、宜居街道和平安街道。

第三条　街道办事处是区人民政府的派出机关，在本街道党的工作委员会领导下，执行党的路线方针政策，依法履行辖区公共服务、城市管理、社会治理等综合管理职能，统筹协调辖区地区性、社会性、群众性工作。

第四条　街道办事处应当促进精神文明建设，弘扬社会主义核心价值观，加强宣传，教育引导辖区居民和单位遵纪守法，传承中华民族优秀传统美德，培育自尊自信、理性平和、积极向上的社会主义新风尚。

第五条　街道办事处应当坚持党建引领"街乡吹哨、部门报到"。在本街道党的工作委员会领导下，加强社区治理，以到基层一线解决问题为导向，统筹协调、指挥调度区人民政府工作部门及其派出机构、承担公共服务职能的企业事业单位等，围绕群众诉求、重点工作、综合执法、应急处置等反映集中、难以解决的事项，共同做好辖区服务管理工作。区人民政府工作部门及有关单位应当接受街道办事处的统筹协调、指挥调度。

区人民政府应当建立健全工作机制，督促区人民政府工作部门及有关单位依法履职，为街道办事处开展统筹协调、指挥调度工作提供支持。

第六条　本市依托市民服务热线，建立统一的群众诉求受理平台，健全完善接诉即办分类处置机制。街道办事处应当按照民有所呼、我有所应的要求，细化、落实、创新接诉即办机制，及时回应、解决群众的诉求。

第七条　街道办事处应当推动为民办事常态化、制度化，满足人民群众生活的便利性、宜居性、多样性、公正性、安全性需求；在作出涉及辖区的重大事项、重大决策，以及实施文化服务、便民服务设施等相关规划过程中，应当采取多种形式，听取辖区居民和单位的意见、建议。

第二章　机构与职责

第八条　街道办事处的设立、撤销、更名、驻地迁移、管辖范围的确定和变更，由区人民政府向市人民政府提出申请，市人民政府批转市民政部门审核后，报市人民政府审批。

市民政部门应当会同有关部门遵循规模适度、管理科学、服务高效的原则，根据地域面积、人口规模、人文历史、街区功能、居民认同等因素，拟订街道办事处设立标准，报市人民政府批准。

已设立的街道办事处不符合设立标准的，区人民政府应当及时提出调整方案。

第九条　街道办事处实行主任负责制。

本市按照精简、效能、便民的原则，整合相关职能，构建面向人民群众、符合基层事务特点、简约高效的基层治理体制。街道办事处根据本市规定设立民生保障、城市管理、平安建设、社区建设、综合行政执法等工作机构，并做好政务服务、市民活动、诉求处置等工作。

除法律、法规明确规定外，市、区人民政府工作部门不得要求街道办事处、居民委员会对口设立机构或者加挂牌子。

第十条　街道办事处应当依法履行下列职责：

（一）组织实施辖区与居民生活密切相关的公共服务工作，落实卫生健康、养老助残、社会救助、住房保障、就业创业、文化教育、体育事业和法律服务等领域的相关法律法规和政策；

（二）组织实施辖区环境保护、秩序治理、街区更新、物业管理监督、应急管理等城市管理工作，营造辖区良好发展环境；

（三）组织实施辖区平安建设工作，预防、排查、化解矛盾纠纷，维护社会和谐稳定；

（四）组织动员辖区单位和各类社会组织参与基层治理工作，统筹辖区资源，实现共建共治共享；

（五）推进社区发展建设，指导居民委员会工作，支持和促进居民依法自治，完善社区服务功能，提升社区治理水平；

（六）做好国防教育和兵役等工作；

（七）法律、法规、规章及市、区人民政府作出的决定、命令规定的其他职责。

本市建立街道办事处职责清单制度，依据法律、法规的规定确定街道办事处具体职责。街道办事处职责清单由市人民政府向社会公布。区人民政府可以结合本区实际细化职责清单。

未经市、区人民政府批准，街道办事处不承担市、区人民政府工作部门下达的其他职责。

第十一条　街道办事处行使下列职权：

（一）参与辖区有关设施的规划编制、建设和验收；

（二）对涉及辖区的全市性、全区性重大事项和重大决策提出意见和建议；

（三）指挥调度区人民政府工作部门开展联合执法；

（四）统一领导、指挥调度区人民政府工作部门派出机构，对其工作考核和人事任免提出意见和建议；

（五）对涉及多个部门协同解决的综合性事项进行统筹协调和考核督办；

（六）统筹管理和安排下沉人员、资金；

（七）统筹协管员日常管理。

街道办事处依法行使与居民生活密切相关且能够有效承接的行政执法权。具体行政执法事项清单由市人民政府制定并向社会公布。

第十二条　街道办事处应当依法行政，推进辖区依法治理，依法维护人民群众的合法权益。街道办事处的行政规范性文件审查、行政执法监督指导、行政复议、行政诉讼等工作应当由其负责法制工作的相关机构承担。

第十三条　街道办事处应当为在街道设立的区人民代表大会常务委员会工作机构和代表之家、代表联络站建设等提供服务保障。

第三章　公 共 服 务

第十四条　街道办事处应当根据辖区基本公共服务需求，按照市、区人民政府基本公共服务规划和服务标准，推进基本公共服务均等化，统筹基层服务资源，引导社会力量参与。

第十五条　街道办事处应当按照本市统一标准，建设和完善综合政务服务设施，设置综合办事窗口，集中办理各类直接面向居民和辖区单位的政务服务事项；全面推进在线政务服务，扩大公共服务网上受理、网上办理、网上反馈的范围。

本市政务服务设施建设和服务标准由市政务服务部门会同有关部门制定。

第十六条　市政务服务部门根据市、区人民政府工作部门和承担公共服务职能的企业事业单位的职责分工及街道办事处的事权范围，制定、完善接诉即办的工作流程和规范，以及激励、督查、考核等机制。

街道办事处应当结合辖区实际，制定接诉即办制度规范，细化、完善相关工作流程。

第十七条　街道办事处对于居民和辖区单位直接反映或者通过市民服务热线、新闻媒体等途径反映的正当诉求，应当及时受理，沟通信息，了解情况，统筹协调。属于职责范围内能够直接办理的事项，应当按照时限要求办理；对于不属于职责范围内的事项，按照下列规定作出处理：

（一）对于涉及多部门协同解决的事项，应当协调有关部门或者承担公共服务职能的企业事业单位办理，有关部门和单位应当快速响应，安排人员协同办理；

（二）对于属于有关部门职责范围内的事项，应当向有关部门移送办理，有关部门应当快速响应；

（三）对于责任主体不明确的事项，或者经协调相关部门和单位仍无法解决的事项，应当向区人民政府报告或者按照区人民政府规定的相关程序办理。

街道办事处应当将诉求处理情况向当事人及时反馈。

第十八条　街道办事处应当了解和反映辖区基本民生保障需求，组织落实相关保障政策，配合区人民政府有关工作部门做好社会救助工作，推进居家养老服务，完善辖区助残服务体系，为低收入家庭和老年人、残疾人等特殊困难群体提供救助等保障工作。

第十九条　街道办事处应当配合区人民政府有关工作部门健全辖区教育和卫生服务体系，完善学前教育、基础教育公共服务，健全社区医疗卫生服务网点。

第二十条　街道办事处应当配合区人民政府有关工作部门健全辖区公共文化服务体系，拓展公共文化体育设施、场所，组织开展群众性文化体育活动，丰富居民精神文化生活。

第二十一条　街道办事处应当根据区生活性服务业设施规划，引导市场主体完善便民商业服务设施布局，协助区人民政府有关工作部门，建设补齐便利店和早餐、蔬菜零售、便民维修、家政等服务网点，实现便民服务圈全覆盖。

第二十二条　街道办事处应当根据有关规定和辖区基本公共服务需求，制定政府购买服务指导性目录并向社会公布，鼓励和支持社会组织、企业等社会力量提供公共服务，推动公共服务提供主体和提供方式多元化。

第四章　城　市　管　理

第二十三条　街道办事处对于涉及辖区的全市性、全区性重大事项和重大决策，以及涉及辖区的公共服务项目和文化服务设施、便民服务设施等相关规划的编制提出意见和建议；市、区人民政府有关工作部门应当通过多种形式听取街道办事处意见和建议，并书面向其反馈采纳情况。

第二十四条　街道办事处应当按照标准化、规范化、精细化管理原则，将辖区合理划分为若干管理网格，实行网格化管理，确定管理网格区域内的服务事项和监管任务，建立健全采集信息、发现需求、排查隐患、处理问题等工作流程。

街道办事处应当及时了解掌握辖区日常性服务管理的基础数据信息，做好基础数据的采集、更新、维护等管理工作，并将相关基础数据向市、区人民政府工作部门反馈。

第二十五条　街道办事处依法开展综合行政执法活动。街道办事处应当严格、规范、公正、文明执法，接受市、区有关行政执法部门的业务指导和培训。区人民政府应当加强街道办事处综合行政执法队伍建设。

街道办事处实施综合行政执法的依据、程序、标准和执法文书，以及执法人员资质认定等，按照市人民政府的统一规范执行。

第二十六条　街道办事处发现违法行为应当进行劝阻和制止；属于街道办事处职责范围的，应当及时查处；属于市、区人民政府工作部门职责范围的，应当通知有关部门予以查处；对涉及多部门协同解决的事项，应当依托综合指挥平台组织协调市、区人民政府有关部门及其派出机构开展联合执法。

第二十七条　街道办事处组织居民和辖区单位参与街区更新，推动城市修补和生态修复，制定街区公共空间改造实施方案，扩大街区公共空间规模，提高街区公共空间文化品质。

第二十八条　街道办事处应当按照本市城市环境和居住区环境整治标准，组织开展街巷环境、居住区（居民小区）、违法建设、地下空间、停车秩序整治，垃圾分类处理等工作。

第五章　社会治理

第二十九条　街道办事处应当按照党委领导、政府负责、民主协商、社会协同、公众参与、法治保障、科技支撑的社会治理体系要求，转变治理理念，创新治理模式，整合辖区资源，推动各类社会主体协商共治。

第三十条　街道办事处应当落实街道党建工作协调委员会议事协商议定

的事项，组织动员辖区单位、居民委员会，以及居民、人大代表、政协委员等共同协商解决社区事务，做好双向需求征集、提供服务、沟通反馈、考核评价工作。

街道办事处应当统筹协调辖区单位向居民有序开放文化、体育、生活、养老助残等服务资源，参与社区服务、环境治理、社会治安综合治理等活动；辖区单位有条件的，应当予以支持。

第三十一条　街道办事处指导居民委员会通过社区议事厅等形式，组织社区单位和居民等对涉及切身利益、关系社区发展的公共事务进行沟通和协商，共同解决社区治理问题。

第三十二条　街道办事处应当推动居民委员会制定和完善居民公约；指导、支持和帮助居民委员会开展居民自我管理、自我教育、自我服务、自我监督的自治活动，完成各项法定任务。

市民政部门会同相关部门依法制定、定期调整居民委员会协助政府工作任务清单并向社会公布。市、区人民政府工作部门和街道办事处不得将协助政府工作任务清单以外的事项交由居民委员会办理，不得违反规定要求社区填表报数。

第三十三条　街道办事处应当推进辖区平安建设工作，配合公安机关、应急管理等部门，做好公共安全领域和重大活动城市安全风险管理，组织开展应急演练，监督辖区单位安全生产；及时处置居民委员会反映的突出风险、突出问题，维护辖区安全稳定。

街道办事处应当完善公共法律服务，指导和依靠居民委员会，了解、预防、排查、化解社区、家庭以及邻里之间等矛盾和纠纷，发挥人民调解作用，就地解决涉及居民切身利益的问题。

第三十四条　街道办事处应当支持和保障社区服务站开展工作。社区服务站作为直接服务居民的专业服务机构，在社区党组织领导下开展社区公共服务、公益服务、便民服务等工作。

第三十五条　区人民政府和街道办事处应当依法保障居民委员会办公用房和社区服务设施，科学设定、调整社区规模，配备与社区规模和工作需要相适应的社区工作者队伍，从事相关公共服务和管理工作。

街道办事处应当规范社区工作者队伍的业务培训、日常管理和考核奖惩等工作。

第三十六条　街道办事处应当鼓励、支持居民和辖区单位开展志愿服务活动，指导社区志愿服务，发挥志愿服务组织在基层治理中的作用。

第三十七条　街道办事处应当培育生活服务类、公益慈善类、文体活动类、居民互动类等社区群众性组织，有序开展社区服务，扩大居民参与，培育社区文化，促进社区和谐；社区群众性组织符合社会组织登记条件的，指导其到民政部门办理登记。

街道办事处应当推进建立辖区社会组织联合会，通过购买服务、公益创投、补贴奖励、活动场地费用减免，以及资源支持、项目承接、人员培训等方式，鼓励、引导各类社会组织参与辖区治理和服务。

第六章　保障与监督

第三十八条　市、区人民政府综合考虑街道功能定位、区域面积、人口规模等因素，优化资源配置，整合基层的审批、服务、执法等方面力量，推动治理重心下移，推动人员力量向街道办事处倾斜。

第三十九条　市、区人民政府应当建立健全街道办事处考核评价和激励制度，其工作人员的收入水平应当高于区级行政机关同级别工作人员；年度考核奖励指标应当高于本区行政机关平均水平。街道工作人员依法享受休假、体检等福利待遇。

本市健全社区工作者职业体系，设立岗位等级序列，按照规定落实报酬待遇，建立健全增长机制。

本市建立街道工作人员容错纠错机制，鼓励其担当作为。

第四十条　区人民政府应当完善街道办事处财力保障机制，加大财力向街道办事处倾斜力度，增强街道办事处统筹发展能力，促进基本公共服务均等化。

街道办事处履职所需经费和办公用房由区人民政府按照国家和本市有关规定予以保障。

区人民政府应当适度提高街道办事处年度预算中机动经费比例，由街道办事处统筹安排，用于新增、临时、紧急项目。

第四十一条　街道办事处经市、区人民政府批准承担市、区人民政府工作部门交办的临时性事项的，市、区人民政府工作部门应当提供必要的人员、经费、技术等保障，并明确事项办理的要求、标准和流程。

第四十二条　市、区人民政府工作部门应当根据街道办事处开展服务和管理工作的需要，依法将相关领域的基础信息向街道办事处主动开放，实现各部门业务数据在街道层面的信息共享。

市、区人民政府应当加强管理网格规范化建设，建立一体化的信息系统和综合指挥平台，实现各信息系统互联互通、信息共享、实时监控、综合监测，健全发现问题、研判预警、指挥调度、诉求处置、督查考核等工作流程，为街道办事处综合行政执法、组织协调联合执法等工作提供支持。

第四十三条　区人民政府统一进行街道办事处工作考核，建立以辖区居民满意度为主、以居民委员会和区人民政府工作部门评价为辅、监督检查和第三方评估相结合的考核制度。

区人民政府工作部门未经区人民政府统一组织不得对街道办事处工作进行考核。

第四十四条　对于在落实党建引领"街乡吹哨、部门报到"工作机制中拒不履行职责的工作部门，街道办事处报区人民政府，区人民政府应当对工作部门落实责任情况进行调查、督办，并纳入年度绩效考评体系。

街道办事处应当按照区人民政府规定，邀请辖区单位、居民代表、人大代表和政协委员对区人民政府工作部门进行评价，评价结果作为年度绩效考评和提出人事任免意见建议的重要参考依据。

第四十五条　街道办事处可以组织辖区单位、居民对辖区水、电、气、热、电信等公共服务企业的服务情况进行评价，并将评价结果向公共服务企业、相关行业主管部门反馈。

第四十六条　区人民政府应当对街道办事处依法履行职责情况进行监督检查，将检查结果纳入法治政府建设考评指标体系和年度绩效考评体系。

第四十七条　区人民政府工作部门、街道办事处及其工作人员违反本条例规定，未依法依规履行职责的，由区人民政府责令改正、通报批评；根据情节，由区人民政府或者监察机关对直接负责的主管人员和其他直接责任人员，依法予以处理。

第七章　附　则

第四十八条　街道办事处辖区设有村民委员会的，本条例关于居民委员会和居民的规定适用于村民委员会和村民。

第四十九条　乡镇人民政府落实党建引领"街乡吹哨、部门报到"和接诉即办机制，开展综合行政执法活动，可以参照本条例有关规定执行。

第五十条　本条例自 2020 年 1 月 1 日起施行。

中共北京市委　北京市人民政府
关于加强新时代街道工作的意见

（2019 年 2 月 23 日）

　　街道是城市管理和社会治理的基础，是巩固基层政权、落实党和国家路线方针政策的依托，是联系和服务群众的纽带，在超大城市基层治理体系中发挥着不可替代的中枢作用。随着中国特色社会主义进入新时代，北京正处于向高质量发展的深刻转型阶段，人民群众对美好生活的需要呈现新变化新特点，城市基层治理面临一系列新情况新挑战。为加强和改进街道工作，构建具有首都特色的超大城市治理体系，提出如下意见。

一、总体要求

　　（一）指导思想。以习近平新时代中国特色社会主义思想为指导，全面贯彻落实习近平总书记对北京重要讲话精神，坚持以人民为中心的发展思想，紧紧围绕首都城市战略定位，加强"四个中心"功能建设，提高"四个服务"水平，以强化基层治理，增强群众获得感、幸福感、安全感为目标，以加强党对基层治理的全面领导为根本，以深化"街乡吹哨、部门报到"改革为重点，以增强街道统筹协调能力为抓手，做强街道、做优社区，构建简约高效的基层管理体制，为推进首都治理体系和治理能力现代化、建设国际一流的和谐宜居之都夯实基础。

　　（二）基本原则

　　坚持党建引领。以基层党建引领基层治理创新，强化街道社区党组织在基层治理中的领导地位，充分发挥总揽全局、协调各方、服务群众的战斗堡垒作用，夯实党的执政基础。

　　坚持赋权下沉增效。深化街道管理体制改革，推动重心下移、权力下放、力量下沉，形成到一线解决问题的工作导向，实现责权统一、上下联动，切实发挥街道在城市治理中的基础作用。

　　坚持民有所呼、我有所应。围绕增强便利性、宜居性、多样性、公正性、安全性，推动为民办事常态化、机制化，把解决群众身边问题的实效作为检验工作的标准，打通服务群众、抓落实的"最后一公里"。

坚持共建共治共享。转变治理理念，创新治理模式，从政府自上而下单向治理向多元主体协商共治转变，加强社会协同，扩大公众参与，促进社区自治，强化法治保障，激发基层治理活力。

（三）工作目标。立足基层服务管理，着力从街道、街区、社区三个层面做强做实街道工作，统筹推进街道改革、街区更新、社区治理，实现党对基层治理的领导全面加强，党建引领基层治理体系更加完善；街道统筹能力显著提升，简约高效的基层管理体制基本确立；城市环境质量和生活品质显著提升，精准高效服务群众的响应机制更加健全；精治共治法治水平显著提升，多元共治的城市治理格局逐步形成，基层治理社会化、法治化、智能化、专业化水平不断提高。建设道德风尚优良、人文特色鲜明的文明街道，多元主体积极参与、创业创新生态良好的活力街道，人居环境一流、生活舒适便利的宜居街道，社会和谐稳定、群众安全感高的平安街道，努力把街道社区打造成为人民群众安居乐业的幸福家园。

二、主要任务

（一）提高城市基层党建工作水平，加强党对基层治理的全面领导

1. 强化街道社区党组织政治功能。履行全面从严治党主体责任，不断提升基层党组织的组织力。完善街道党工委对地区治理重大工作的领导体制机制，优化决策程序，涉及基层治理的重大事项、重点工作、重要问题由街道党工委讨论决定，全面提升街道抓党建、抓治理、抓服务的领导能力。加强街道社区党组织对地区各类组织和各项工作的领导，街道党工委可吸纳优秀社区党组织书记担任兼职党工委委员，推进社区党组织书记、居委会主任"一肩挑"，推动将党的领导写入各类组织章程，注重把基层党组织推荐的人选通过法定程序明确为各类组织的负责人，把党的主张转化为各类组织和群众的自觉行动，确保基层工作体现党的意志，确保党的路线方针政策在基层有效贯彻落实。

2. 健全完善城市基层党建体系。以区域化党建为重点，构建市、区、街道、社区党组织四级上下贯通，社区党建、单位党建、行业党建多方联动，

基层党组织覆盖广泛、组织有力的基层党建工作体系。做实街道、社区党建工作协调委员会，推动区、街道党员领导干部担任下一级党建工作协调委员会主任，建立联络员制度，深化推进"三项清单""四个双向"（"三项清单"是需求清单、资源清单、项目清单，"四个双向"是属地和驻区单位双向需求征集、双向提供服务、双向沟通反馈、双向考核评价），推动各级各类党组织到一线解决问题、到基层服务群众。完善街道社区党建、单位党建、行业党建横向联动体系，扩大非公企业、商务楼宇、商圈园区、网络媒体等新兴领域党建覆盖，实现组织共建、资源共享、机制衔接、功能优化。深化党建带群建促社建的开放联动体系，建立健全党委统筹、组织联建、工作联动、队伍联合、服务联办、保障联享、责任联查的工作机制，引领群众组织和社会组织参与基层治理。

3. 深化党建引领基层治理。适应基层治理新特点和新规律，探索党建引领新路径，推动党建和基层治理深度融合。深化"街乡吹哨、部门报到"工作并向社区延伸，完善基层治理的应急机制、服务群众的响应机制和打通抓落实"最后一公里"的工作机制，努力把党的政治优势、组织优势转化为基层治理优势。加强基层服务型党组织建设，制定组织建设、党员管理、治理结构、服务群众和工作职责等基本规范，推动基层党组织在服务中更好地发挥领导作用。健全街道社区党组织领导下的居民自治、民主协商、群团带动、社会参与等机制，推动各单位党组织和在职党员"双报到"制度化、常态化，健全党员干部走访联系群众、企业制度，总结推广"周末大扫除"等经验做法，引领各类组织做好服务群众工作，并在服务中凸显党组织的领导地位。积极推进"回天有我"社会服务活动，探索大型社区各方参与、居民共治的有效路径。

（二）推进城市治理重心下移，构建简约高效的基层管理体制

4. 明确街道职能定位。街道党工委、办事处依据法律、法规、规章和上级党委、政府的授权，代表区委区政府对辖区党的建设、公共服务、城市管理、社会治理等行使综合管理职能，全面负责辖区地区性、社会性、群众性工作的统筹协调。

加强街道能力建设，切实提升统筹协调能力、服务能力、管理能力和动员能力。提升统筹协调能力，充分发挥党组织在基层治理中的领导作用，创

新党建工作内容和方式，形成以街道为指挥平台、专业部门高效履责的工作合力。提升服务能力，完善配套服务设施，提供优质公共服务，发挥街道直接面对居民、联系群众广泛、回应诉求快速的优势，解决好群众身边问题，提高居民生活质量和便利度；同时主动对接辖区企业、"两新"组织、商务楼宇等，优化营商环境，激发创业创新活力。提升管理能力，坚持依法行政，加强制度建设，不断完善决策议事协调机制，统筹推进街区更新、社会秩序规范、综合执法改革等工作，构建城市精细化管理体系。提升动员能力，扩大基层民主，广泛动员居民群众，调动区域内机关、企事业单位、各类组织的积极性，整合各方力量，共同参与基层治理工作。

5. 深化街道机构综合设置改革。坚持精简、效能、便民的原则，整合相近职能，按照综合化、扁平化方向，街道一般设置党群工作、民生保障、城市管理、平安建设、社区建设、综合保障等 6 个内设机构和 1 个街道综合执法队。编制规模较小的街道可进一步综合设置。内设机构负责人可由街道党政领导班子副职兼任。突出街道面向群众的特点，按照服务功能综合设置窗口类、平台类、活动类街道所属事业单位。下派街道干部担任社区专员，加强基层工作力量。同步优化整合区级职能部门内设机构设置，围绕街道机构改革完善运行机制，推进面向基层的政务服务流程再造，确保工作顺畅高效有序。

6. 切实向街道放权赋权。按照重心下移、条专块统、责权一致的原则，优化街道职责事项清单，推动区级职能部门向街道下放职权，重点下放给街道"六权"：辖区设施规划编制、建设和验收参与权，全市性、全区性涉及本街道辖区范围内重大事项和重大决策的建议权，职能部门综合执法指挥调度权，职能部门派出机构工作情况考核评价和人事任免建议权，多部门协同解决的综合性事项统筹协调和考核督办权，下沉资金、人员的统筹管理和自主支配权。区委区政府及其职能部门要支持、保障街道充分行使统筹管理权，职能部门派出机构要主动接受街道统一领导和指挥调度。

7. 构建实体化街道综合执法机构。推进行政执法权限和力量向基层延伸和下沉，强化街道统一指挥和统筹协调职责，整合现有站所、分局执法力量和资源，组建统一的综合行政执法机构，按照有关法律规定相对集中行使行政处罚权，以街道名义开展执法工作，并接受上级主管部门的业务指导和监督，逐步实现一支队伍管执法。加强对街道综合行政执法机构、执法人员的业务指导和培训，建立执法全过程记录、行政执法公示制度，严格确定行政执法责任和责任追究机制。除中央明确要求实行派驻体制的机构外，区直部门设在街道的机构原则上实行属地管理，继续实行派驻体制的，要建立健全纳入街道统一指挥协调的工作机制，工作考核和主要负责同志任免要听取所在街道党工委意见。及时清理、修订、完善不符合基层实际和发展需要的法规及政策规定，为综合执法改革提供制度保障。

8. 规范整合基层治理力量。推动基层管理资源和工作力量向网格下沉，建立以街道为主体、以网格为基本单元、以街巷长为统领的基层精细化管理体系。全面推广街巷长、"小巷管家"做法，将街巷长、"小巷管家"和网格员、协管员、社区工作者、志愿者、社区专员等基层力量统一纳入网格化体系"组团式"管理，统一调度使用。完善管理服务事项标准和流程，实现管理服务制度化、规范化、程序化。加强对各类协管员队伍的规范管理，逐步建立市级全面统筹、区级总体负责、街道集中管理使用的协管员队伍管理体制机制，整合市级部门协管员队伍建设经费并统一打包下拨各区，由各区统一组织协管员招录和培训，并下沉街道社区统筹管理使用考核（统称为"城市协管员"），市、区两级原则上不再保留协管员队伍。

9. 改革基层考核评价体系。建立街道发展综合评价体系，定期以街道为单元对公共服务、城市管理、生活品质、环境卫生、营商环境、景观风貌等进行综合评价，加强对街道工作的整体把握和分类指导。健全由区委区政府统一组织，以辖区居民满意度为主、以社区和职能部门评价为辅、监督检查和第三方评估相结合的街道工作考核评价机制，职能部门不再单独考核。区委区政府要加强对职能部门落实"街乡吹哨、部门报到"工作情况的督查，并作为重要内容纳入绩效考核。街道定期组织驻区单位和居民代表对区级职能部门及其派出机构进行考核评价，考评结果占被考核部门绩效权重的比例不低于三分之一，同时作为干部人事任免、调动、奖惩的重要依据；对水、电、气、热、电信等公共服务企业服务情况进行监督，评价结果纳入公共服务企业绩效评价。以工作效果为导向，统筹规范督查检查考核工作，实现基层考核评价简洁精准高效。引入社会评价机构，科学确立群众满意度评价体系，确保考核客观、公正、有效。

10. 优化调整街道社区规模。调整街道设立标准，统筹考虑人口规模密度、地域面积、人文历史、街区功能、居民认同等因素，优化街道行政区划设置。优化调整街道界线，完善统筹协调机制，加强跨界地区规范管理。合理确定社区管辖范围和规模，重点对 1000 户以下的小型社区和 3000 户以上的大型社区适当调整。完善街道、社区名称评审设定制度，体现地名地域人文历史和居民认同感。

11. 妥善解决城市化进程中的遗留问题。适应城市化发展需要，建立与城市化水平相匹配的管理体制，积极稳妥推进乡镇、地区办事处向街道办事处转制，完善和规范街道对农业户籍人口、乡镇对社区居民的管理服务政策机制，确保基本公共服务和日常管理的全人口、全区域覆盖。按照"撤村不撤社"的原则，由集体经济组织作为集体资产所有权主体代表，推进农村集体资产产权制度改革，在保障集体经济组织成员权益的前提下，修订撤村条件和标准，加快推进城乡接合部撤村建居工作。加强城中村治理，完善土地管理、农转居等相关政策，探索建立地区公共服务管理经费由街道财政与村集体资产共担机制，将城中村移交街道统一管理，逐步解决管辖范围交叉、经费渠道不同、管理标准不一等难题。

（三）提高保障和改善民生水平，切实增强群众获得感

12. 建立群众诉求快速响应机制。整合各类热线归集到 12345 市民服务热线，建立全市统一的群众诉求受理平台，实现事项咨询、建议、举报、投诉"一号通"。坚持"民有所呼、我有所应"，市民诉求就是哨声，各街道要闻风而动、接诉即办。完善向街道、部门双向派单机制和职责清单，街道职责范围内能直接办理的即接即办，不能直接办理的，由街道根据职责清单统筹调度相关部门办理。市民服务热线以响应率、解决率、满意度为依据，对接办问题进行分类筛查和评比，定期通报排名靠后的街道和工作不力的部门单位。及时汇总涉及政策机制的共性问题，责成有关区和市级职能部门研究解决。拓宽社情民意反映渠道，在发挥传统媒体优势的基础上，利用微信、微博、贴吧、短视频等网络新媒体倾听群众呼声，迅速回应群众关切。强化公共服务民意导向，建立健全以民意征集、协商立项、项目落实、效果评价为流程的民生工程民意立项工作机制，将民意征集与社区协商嵌入结合、程序前置，凡面向居民开展的工程建设、惠民政策、公共资源配置等，实施前

须听取群众意见建议。

13. 改善基层基本公共服务。按照兜底线、织密网、建机制的要求，提升基本公共服务保障水平。完善街区学前教育公共服务体系，健全成本分担资助机制，鼓励支持新办普惠制幼儿园。扩大优质教育覆盖面和受益面，引导街道参与学区规划建设，提升区域整体教育质量，让孩子就近上学。以紧密型医联体为载体，统筹区域内医疗资源，推进分级诊疗，加强基层医疗卫生机构建设，做实家庭医生签约服务，方便居民就医。加强居家养老服务体系建设，推进街道养老照料中心、社区养老服务驿站需求全覆盖，加强规范化建设和运营管理，全面推进医养结合，鼓励单位内部食堂、商业餐饮机构开办老年餐桌，让老年人就近享受服务。

14. 提升生活性服务业品质。以满足居民便利性、宜居性、多样性服务需求为导向，推动生活性服务业向规范化、多元化、连锁化、品牌化方向发展。加强规划设计，把生活性服务业设施规划细化到街道、社区，分区域、分业态制定补建提升计划。完善一刻钟社区服务圈，制定服务标准，加强分类引导，补充基本便民服务网点，重点织补早餐点、菜场、便利店等便民设施。完善政策机制，鼓励居住区相邻的腾退空间和存量空间用于补充便民服务设施。优化营商环境，推动生活性服务业品牌连锁企业"一区一照"注册登记工作，建立"红黑名单"制度，提升服务质量。鼓励街道组织开展"互联网＋"服务，创新"小物超市""深夜食堂"等经营模式，支持便民综合体、社区商业"E中心"建设。

15. 完善基层公共文化服务体系。扩大文化服务覆盖面，提升居民参与度，为基层群众提供更多优质、便捷的公共文化体育产品。实施文化惠民工程，完善公共图书、文体活动、公益演出服务配送体系，推动基层公共文化服务均等化。加强基层公共文化体育服务阵地建设，合理利用历史街区、民宅村落、闲置厂房兴办公共文化项目，推进综合文化体育设施全覆盖，提高使用率。推进特色街区、胡同、院落、楼门建设，挖掘社区文化资源，打造社区文化精品。促进基层公共文化体育服务社会化，通过购买服务、资金补贴、免费开放场地等方式，大力培育发展各类群众性社区团体，引领广大群众开展各类喜闻乐见的大众文体活动，丰富居民群众的精神文化生活。

16. 织密基层公共安全网。推动"平安街道""平安社区"等创建活动向矛盾多发、管理缺失、影响安全稳定的新领域、新群体延伸。加强辖区公共安全领域和重大活动城市安全风险管理，落实安全责任制，协助专业部门组织开展应急演练、监督辖区单位安全生产等工作。统筹群防群治资源，协助加强消防、禁毒、养犬等管理工作。完善立体化社会治安防控体系，建立执法即时响应机制，依托"雪亮工程"，推进智慧社区建设，打造24小时城市安全网。探索通过购买服务方式建立街道应急小分队，实现辖区居民安全服务保障"即刻到家"。加强社会心理服务体系建设，协助解决涉及社会稳定的心理健康问题。

17. 改进基层政务服务。深化街道政务服务中心"一窗受理、集成服务"改革，着力提升群众、企业办事便捷度和满意率。推进街道政务服务标准化建设，将直接面向群众、企业量大面广的区级部门服务和审批事项下沉到街道，把社区不该办、办不好的政务服务上收，规范运行程序、规则和权责关系。将全市政务服务"一张网"延伸到街道、社区、楼宇，实现与街道公共服务信息平台、综合执法平台的深度融合，建立街道与部门信息数据资源共享交换机制，实现服务事项的全人群覆盖、全口径集成和全市通办。最大限度精简办事程序，缩短办理时限，提高网上办理比重，加快建设移动客户端、自助终端，实现就近办理、自助办理、一次办理。助力优化营商环境，鼓励社会创业创新，服务商圈、楼宇经济，激发各类经济主体和组织的活力。

（四）实施街区更新，提升城市精细化管理水平

18. 建立健全街区更新机制。建立区级统筹、街道主体、部门协作、专业力量支持、社会公众广泛参与的街区更新实施机制，推行以街区为单元的城市更新模式，推动街区小规模、渐进式、可持续更新，实现人居环境和城市品质的整体提升。制定街区更新实施方案和城市设计导则，科学划分街区单元，围绕功能优化、业态提升、风貌塑造、文化培育、环境整治等开展街区问题诊断和方案设计。搭建多元主体全过程参与平台，坚持以居民、企业需求意见为导向完善街区服务功能，培育街区自我发展、自我更新能力。健全街区责任规划师、建筑师制度，充分发挥专家和专业团队作用。完善项目立项、规划审批、土地政策、房屋管理、资金保障等支持措施，推动街区更新成片区、分步骤、有顺序地开展。

19. 提升街区公共空间品质。推动街区城市修补和生态修复，制定街区

公共空间改造提升设计导则和行动计划，扩大街区公共空间规模，提高街区公共空间品质和服务质量。优化灯杆、护栏、广告栏等城市家具配置，推广综合杆等技术，推动市政设施小型化、隐形化、一体化建设，促进公共空间视觉清朗。加强城市公共空间景观设计建造，挖掘传统文化底蕴，融合时代气息，推动形成街道文化品牌和社区文化特色。加强疏解腾退空间精细利用和边角地整治，促进留白增绿、见缝插绿、拆墙见绿、拆违还绿，实现每个城区至少建成一处一定规模的城市森林，每个街区都要建成一批口袋公园、小微绿地，实现绿地 500 米服务半径基本全覆盖。加强公共服务设施、绿道蓝网、慢行系统的衔接，促进公园绿地开放共享，增强公共空间有效连通，提高可达性和系统性，形成完善的公共空间体系。

20. 加强城市环境整治。深入推进以街巷环境治理为重点的城市环境整治，落实"十无一创建"标准（"十无"：每条街巷无私搭乱建、无"开墙打洞"、无乱停车、无乱占道、无乱搭架空线、无外立面破损、无违规广告牌匾、无道路破损、无违规经营、无堆物堆料；"一创建"：创建文明街巷），打造一批精品街区、文明街巷。建立健全违法建设长效管控机制，减少存量、严控增量，确保新生违建零增长，创建无违建街道。构建"十有"常态管理机制（"十有"：每条街巷有街巷长、有自治共建理事会、有物业管理单位、有社区志愿服务团队、有街区治理导则和实施方案、有居民公约、有责任公示牌、有配套设施、有绿植景观、有文化内涵），加大政策和资金保障力度，持续推进"开墙打洞"整治、主次干道架空线入地、广告牌匾标识规范治理、建筑物外立面整治提升等工作。推进"厕所革命"，加强生活垃圾分类治理。发挥基层综合执法优势，建立长效机制，基本实现违法群租房、地下空间散租、占道经营等动态清零。抓好群众性精神文明创建，改善街区环境卫生和城市秩序。规范管理街区停车秩序，支持街道通过停车自治管理、错时共享、资源挖潜等方式缓解停车难。科学设置非机动车停放区和机动车禁停区，鼓励引导市民绿色出行。

21. 着力改善居住质量。实施居住区环境整治分类指导，严格落实新建居住区规划配套指标，加强配套设施验收接受管理，确保规划实施；加强老城平房院落修缮整治，补齐配套设施，提升服务标准；开展以"六治七补三规范"为主要内容的老旧小区综合整治（"六治"：治危房、治违法建设、治

"开墙打洞"、治群租、治地下空间违规使用、治乱搭架空线;"七补":补抗震节能、补市政基础设施、补居民上下楼设施、补停车设施、补社区综合服务设施、补小区治理体系、补小区信息化应用能力;"三规范":规范小区自治管理、规范物业管理、规范地下空间利用),优化就地翻建、房屋大修和环境整治为主的治理模式。探索政府保基础、社会资本和业主共同参与、谁出资谁受益的投融资机制,明确整治菜单目录,根据规划要求、小区实际和居民意愿,有序推动项目实施。推进央属、市属等单位自管产老旧公房维护更新,建立以产权单位为主体的更新维护投入机制。严禁规划公共配套设施用房改变性质挪作他用,已改变用途的公共服务配套设施用房要加强整改,回归原规划用途。探索建立物业管理长效机制,扩大业主委员会、物业服务企业党的组织覆盖,建立健全社区党组织领导,居民委员会、业主委员会、物业服务企业共同参与的小区治理机制。加强平房区、老旧小区等无物业小区的管理,鼓励区、街道组织物业服务企业统一管理或支持大型物业服务企业代管。暂时没有条件实施物业管理的老旧小区,实行准物业管理。强化街道对物业服务企业的监督管理,建立物业服务企业履约考评机制,考评结果作为企业信用评价的重要依据。

22. 健全市政基础设施维护维修机制。严格落实市政设施运行管理单位主体责任,公开服务信息和内容,畅通服务渠道,健全管理制度,确保维护资金充足、物资保障到位,切实做到水电气热、路灯、信号灯等市政设施维护全覆盖、无盲区、全生命周期管理。健全市政基础设施维护维修响应机制,加强街道与市政基础设施等企业的对接,做好巡查排查、日常维护、应急处置工作。加强市政服务企业工作考核,有关结果作为企业绩效考核的重要依据。按照工作部署和流程,市有关部门协助做好老旧小区市政管线的改造和移交工作。

23. 建立健全街道大数据管理服务平台。依托网格化管理平台,统一底图、统一标准,健全数据采集更新机制,完善街道基础信息数据库。推进城市大脑建设,实现多网融合、互联互通,推进人、地、房、事、物、组织等基础数据深度整合,全面增强数据动态掌握、分析和预警能力。加强重点区域物联网建设,推动状态监测与可视化,增强城市部件、事件感知能力,提升城市治理的预见性、精准性、高效性。建立街道社区人居环境大数据体检机制，运用"互联网＋"创新基层治理，依托网上家园建设，打造线上线下各类社会主体紧密互动的公共平台。持续推进"北京通""一证通"等便民服务应用建设，推广智慧停车服务系统，推动大数据建设和应用成果向基层延伸。

（五）强化共建共治共享，激发社区治理活力

24. 提升社区治理水平。加大街道对社区支持、指导和相关保障力度，完善以社区党组织为核心，社区居委会为主体，社区服务站为平台，物业、市政公用等服务企业、驻社区单位和各类社会组织广泛参与、协同联动的社区治理体系。做实社区居委会下设六个工作委员会，增强联系服务群众、组织居民自治、民主议事协商等能力。弘扬社会主义核心价值观，推进以德治理城乡社区，探索将居民参与社区治理、履行社区公约等情况纳入社会信用体系。抓好社区减负增效，修订社区职责清单，落实社区工作事项发文市、区联审制度，从源头上减少不合理的下派社区事项。加强职能部门内部整合和优化提升，一个部门社区最多填报一张表格（系统）。推进社区服务站改革，探索"一站多居"，调整人员配置，优化服务方式，推行"综合窗口""全能社工"模式。实行社区全响应服务机制，推行错时延时、全程代办、预约办理和"互联网＋"服务，方便居民群众办事。加大社区建设资金支持力度，动态调整社区公益事业专项补助资金，实现街道年度预算 80% 以上用于为群众办实事。完善社区工作者管理制度，建立以社区居民群众满意度为主要评价标准的社区工作考核机制，取消对社区的"一票否决"事项。

25. 扩大社会组织参与。建立以街道社区服务中心为依托的社会组织服务（孵化）中心，为社会组织对接群众服务需求提供平台和相关服务，2020年底前实现全覆盖。依托社会组织服务（孵化）中心，加快培育生活服务类、公益慈善类、居民互助类及针对特定群体的社区社会组织，并给予公益创投、补贴奖励、活动场地费用减免等支持。推进街道成立社区社会组织联合会，规范社区社会组织行为，并为其提供资源支持、承接项目、代管资金、人员培训等服务。制定并公开街道购买社会组织服务指导目录，重点支持街道、社区运用"三社联动"等工作体系解决社区居民多样化服务需求。

26. 增强社会动员能力。建立分层协商和公共沟通互动制度，完善区、街道、社区三级协商联动机制，建立社区月协商制度，推进议事协商常态化、

机制化。完善社会单位履行社会责任评价制度，将机关、国有企事业单位党组织回社区报到情况纳入单位述职评议内容。完善激励保障和奖励政策，推动单位内部生活服务类设施向社区开放，在水、电、气等方面给予政策倾斜。深化"门前三包"责任制，提升单位个人参与城市管理、维护城市环境的积极性和自觉性。探索在街区成立商户协会，发挥自律自管作用。大力发展志愿服务队伍，培养以社区党员、团员青年、居民代表、楼门院长、退休干部等为主体的骨干力量，发挥志愿服务力量在基层治理中的积极作用。完善人民调解、司法调解、行政调解、多元纠纷调解服务体系，实现"小事不出社区、大事不出街道"。

（六）健全完善激励保障制度，营造干事创业的良好环境

27. 注重从街道乡镇培养选拔干部。新提拔进入地区党政领导班子的，一般应具有街道乡镇领导工作经历。注重在市级党政部门领导班子中配备具有街道乡镇等基层领导工作经历的干部。各区要树立以基层为先的导向，加强街道社区干部队伍建设，各方面表现突出、年富力强的优秀干部要优先选配到街道乡镇任职。加大街道乡镇与市、区两级机关和国有企事业单位之间干部交流力度，每年选派一定数量的干部双向交流任职或挂职。探索从街道事业编制人员中选拔街道领导干部，从优秀社区党组织书记中定向招录一定数量的公务员和事业编制人员。全面推行职务与职级并行制度，拓展街道干部职级晋升通道。健全容错纠错机制，鼓励基层干部担当作为。

28. 加大人员编制待遇向基层倾斜力度。进一步推动市、区两级行政事业编制精简下沉到基层，加大对城乡接合部、城市化快速发展等地区编制倾斜力度，力争2020年底前街道乡镇行政编制在本区行政编制总量中占比不低于40%，街道乡镇城管执法编制在本区城管执法编制总量中占比不低于80%（其中中心城区达到85%）。区级编制部门只核定街道行政编制和科级领导职数总量，不再核定到内设机构，各街道可根据工作需要统筹调整。综合考虑街道功能定位、区域面积、实有管理服务人口规模等因素，研究街道编制核定标准，优化街道编制资源配置。提高街道干部收入待遇，确保年收入高于市、区部门同级别人员，年度考核"优秀"等指标高于全区平均水平10%，同时对一线执法人员进一步给予待遇倾斜。加大街道干部培训力度，提升街道干部能力和素质。完善街道干部年休假、健康体检、疗养等制度。

29. 提高基层工作保障水平。完善街道财政保障机制，除跨街道的事项由区级部门统筹外，下沉到街道的其他公共服务经费原则上由街道自主统筹安排。各区在现有街道资金渠道基础上，在街道年度预算中应安排一定比例的机动经费用于紧急事项、群众迫切需要解决的临时事项。强化公共服务政策集成，整合社区建设相关资金，拓宽融资渠道。科学设定街道社区基层公共服务资源配置和辐射半径，通过收缴配套、购置租赁、统筹共享、完善提升、集中新建等方式补齐街道社区服务设施。允许并支持各级党政机关、企事业单位等将闲置用房及设施，通过备案、委托等方式交由街道管理使用，用于公共和公益事业。

30. 强化街道社区工作的法治保障。制定《北京市街道办事处条例》，研究制定或修订社区治理、志愿服务、物业管理、停车管理、垃圾分类、规范养犬等相关法规规章和政策标准，完善基层治理法规体系。推进基层治理领域法规规章"立、改、废"，及时将基层创新经验做法上升为政策法规。加大全民普法力度，健全依法决策机制，依法严格惩处各类违法违规行为，营造良好的法治环境。

三、组织保障

（一）加强组织领导。抓好街道工作是市、区、街道的共同责任，各级党委、政府要按照"市里相关工作要抓到街乡镇"的要求，把加强街道工作纳入重要议事日程，定期研究基层治理工作重大问题。区委书记要认真履行第一责任人职责，街道党工委书记要履行好直接责任人职责。要将街道工作纳入地方党政领导班子和领导干部考核评价、各级党（工）委书记述职评议考核的重要内容以及各级党校的培训内容，推动街道改革各项任务全面落实。

（二）强化督促落实。市委城市工作办会同市委社会工委市民政局牵头做好任务分工，确定任务清单，明确责任单位、完成时限，将街道改革工作落实情况纳入市委、市政府督查重点项目。市委组织部、市委编办、市发展改革委、市规划自然资源委、市住房城乡建设委、市城市管理委等相关部门要认真履职，涉及本领域的工作任务要抓好落实。各区要发挥主责作用，明确本地区目标任务，细化落实措施，强化组织保障。各街道要落实属地责任，加大实践创新，确保各项措施落地见效。

（三）加大宣传激励。要加强宣传和舆论引导，及时总结提炼推进街道改革发展中的好经验、好做法，形成一批在全国有影响力的基层治理创新品牌。充分发挥报刊、电视等传统媒体和网络新媒体作用，加大先进典型宣传力度。继续办好"新时代新担当新作为"栏目，将对街道社区的表彰奖励纳入现有相关评比表彰项目中，大力表彰工作成效显著的基层干部，发挥示范带动效应，营造全社会关心、支持、参与街道建设和基层治理的良好氛围。

中共北京市委 北京市人民政府关于进一步
深化"接诉即办"改革工作的意见

（2020 年 10 月 28 日）

"接诉即办"是党建引领"街乡吹哨、部门报到"改革的深化延伸，是首都基层治理的改革创新，是落实以人民为中心的发展思想的生动实践。为进一步深化"接诉即办"改革，现提出如下意见。

一、总体要求

（一）指导思想

以习近平新时代中国特色社会主义思想为指导，深入贯彻习近平总书记对北京重要讲话精神，紧紧围绕首都城市战略定位，加强"四个中心"功能建设、提高"四个服务"水平，坚持"人民城市人民建，人民城市为人民"的理念，强化党建引领、大抓基层的鲜明导向，建立机制完备、程序规范、标准清晰、法治保障的"接诉即办"制度体系和基层统筹、条块结合、多方参与、共建共管的"接诉即办"工作体系，健全基层治理的应急机制、服务群众的响应机制和打通抓落实"最后一公里"的工作机制，推动首都基层治理体系和治理能力现代化。

（二）基本原则

坚持党建引领、高位推动。将党的领导贯穿于"接诉即办"工作全过程，加强市、区两级党委统筹指挥，压实各级党组织主体责任，发挥基层党组织的战斗堡垒作用，激励党员干部担当作为，将党的政治优势、组织优势和密切联系群众优势转化为治理优势。

坚持人民至上、需求导向。坚持民有所呼、我有所应，聚焦人民群众的操心事、烦心事、揪心事，紧扣"七有"要求和"五性"需求，以"接诉即办"引领各级党委和政府到基层一线解决问题，形成闻风而动、快速响应的为民服务长效机制，不断增强人民群众获得感、幸福感、安全感。

坚持改革创新、科技驱动。着眼基层治理体制机制创新，树立"全周期管理"意识，坚持系统治理、依法治理、综合治理、源头治理，围绕权责关系、运行机制，优化改革路径，转变治理理念，创新治理模式，实现政府治理、社会调节和市民协同良性互动，将改革向更深层次、更高水平推进。充分发挥首都科技优势，运用大数据、云计算、区块链、人工智能等先进技术推动城市管理手段、管理模式、管理理念创新，建立健全大数据辅助科学决策和社会治理的机制，推动"接诉即办"改革与"城市大脑"建设有机融合，提升基层治理的科学化、精细化、智能化水平。

坚持基层统筹、条块联动。本着"小事不出社区、大事不出街乡、难事条块一起办"的原则，推动工作重心下移、权力下放、力量下沉，以群众诉求为导向，充分发挥基层统筹作用，条块结合、上下协同、形成合力，更好为人民群众提供家门口的服务。

二、坚持党的领导，筑牢为民服务的责任体系

（一）完善领导体系。成立市委"接诉即办"改革领导小组，负责全市"接诉即办"工作的顶层设计、统筹谋划、整体推进。完善党委领导、政府负责、市级部门和街道（乡镇）以及承担公共服务职能的企事业单位落实、社区（村）响应、专班推动的责权明晰的领导体系。各区各部门各单位党政主要负责同志为"接诉即办"工作第一责任人。

（二）健全工作体系。完善市、区、街道（乡镇）"接诉即办"工作体系，明确各级"接诉即办"工作职责，规范细化"接诉即办"主体范围。健全以市民服务热线为主渠道的"接诉"体系，受理并直派群众各类诉求。完善由各区、街道（乡镇）、市级部门、承担公共服务职能的企事业单位等组成的"即办"体系，对群众诉求快速响应、高效办理。注重调动社会力量和人民群众广泛参与，以区域化党建为抓手，推动基层群众性自治组织、社会组织、市场力量等协同发力，形成"接诉即办"的工作合力。

三、注重协同联动，健全科学高效的运行机制

（一）构建全渠道受理机制。畅通电话、网络、媒体等"接诉"渠道，实现全渠道受理群众诉求。强化智能热线建设，打造北京 12345 网上互动平台，开通社情民意"直通车"，充分利用各区、市级各部门网络平台，融合媒体

反映渠道，形成品牌统一、覆盖全面、服务高效的线上线下"接诉即办"受理系统。

（二）实行诉求分类处理机制。按照咨询、建议、举报、投诉、需求等诉求类型，实行差异化管理。咨询类诉求由市民热线服务中心或承办单位回复解答。建议类诉求由承办单位研究并反馈反映人。属于行政机关职责范围的投诉、涉及行政执法的举报，由承办单位办理。纪检监察类举报、信息公开申请以及诉讼、仲裁、行政复议等涉法涉诉诉求，引导反映人通过法定渠道反映。对违反法律法规规章政策规定、违反社会公序良俗以及虚假恶意诉求来电，依法纳入信用管理。需求类诉求主要由街道（乡镇）和市、区两级有关部门以及承担公共服务职能的企事业单位办理。建立与110、119、120等紧急救助系统的一键转接机制。强化企业诉求处理，优化企业服务热线，畅通政企沟通"绿色通道"，加强政策咨询、办事引导、建议收集等服务功能。

（三）建立快速精准派单机制。建立"接诉即办"职责目录，实行动态调整更新，按照管辖权属和职能职责，分别直派或双派街道（乡镇）、区政府、市级部门和承担公共服务职能的企事业单位。扩大和延伸诉求直派范围，建立向区级部门直派机制。完善首接单位负责制。建立派单审核会商机制，对复杂疑难诉求在派单前进行会商研究。建立派单争议审核机制，优化退单流程和标准。按照"谁审批谁监管、谁主管谁监管"的原则，完善行业问题的分类和动态调整机制。

（四）实施限时办理机制。建立诉求分级分类快速响应机制，各级市民热线服务中心和涉及水、电、气、热等重点民生领域的公共服务部门，提供7×24小时服务。根据诉求的轻重缓急程度和行业标准，原则上实行2小时、24小时、7天和15天四级处置模式。对法律法规规章有明确规定或确需较长时间解决的诉求，延长办结期限。对于短时间内难以解决的群众诉求，列入挂账管理，明确挂账事项范围、标准、程序，完善挂账销账和监督提醒机制。建立挂账事项办理责任制，形成条块合力，及时协调推动，创造条件解决。

（五）健全协同办理机制。各街道（乡镇）随时接办群众诉求，能够自行解决的，及时就地解决；对于需要跨部门解决的复杂问题，由街道（乡镇）"吹哨"召集相关部门现场办公、集体会诊、联合行动，共同研究解决。对跨行业、跨区域的诉求，建立联动办理机制，拆分诉求事项，细化职责分工，协同推进解决。建立分级协调办理机制，对本级难以解决的重点、难点诉求，提请上级党委和政府、行业主管部门协调解决。健全完善本市国有及国有控股企业参与"接诉即办"工作体系。

（六）完善统筹推动机制。充分发挥区委书记月度工作点评会、市委"接诉即办"专题会统筹调度和点评推进作用，加强对历史遗留问题、超出市属管辖权等重大疑难诉求的专题协调。以"接诉即办"高频热点或行业共性诉求为牵引，统筹各类工作机构、专班及部门开展专项治理。建立央地、军地"接诉即办"联动工作机制。

（七）完善督查督办联动机制。加强市、区两级督查督办联动，各级党委和政府督查部门实行联动督办，对市领导交办、群众关注、媒体反映的热点问题加大督办力度，对挂账和未按时解决的诉求实行跟进督办。探索建立第三方评估机制。建立年度重点诉求办理台账，实行入账管理、销账推进。

（八）健全分级分类考评机制。将解决群众诉求作为考评工作的导向，坚持考评内容合法合理、考评方法公开公平、考评纪律严格公正。健全以响应率、解决率、满意率为核心的"三率"考评体系，规范考评流程，细化考评主体、范围、标准。健全区级层面"七有""五性"综合评价制度。完善媒体反映问题考评机制。建立考评负面清单，对不合法、不合理的诉求不纳入考评，由相关部门做好群众工作。对诉求办理主责单位和协办单位实行差别化考评。加大对区级部门考评力度，对"报到"部门、"吹哨"街道（乡镇）实行双考评。完善回访机制，杜绝层层回访，加强不满意诉求的分析研究。健全加分激励机制。在工作体系内实行考评标准、过程、结果全口径公开，运用区块链技术，实现考评过程、结果可追溯，全程接受监督。

（九）健全诉求分析通报机制。对群众诉求开展大数据分析、研究，为市委、市政府重大决策提供支撑。完善"日报告、周分析、月通报"机制，将群众当日诉求报送市领导和各区各部门主要负责同志；每周对阶段性热点问题和群众突出诉求进行汇总分析，提出工作建议；每月对全市各街道（乡镇）、各区、市级部门、承担公共服务职能的企事业单位"接诉即办""三率"考评情况进行通报，分别确定10个先进类、进步类、整改类和治理类街道（乡镇）。

（十）完善风险预警防范机制。发挥社情民意"晴雨表"作用，强化诉求数据动态监测和分析研判，及时就苗头性、风险性诉求向相关部门提出预警。对突发性、群体性、极端性诉求，向公安部门、属地党委和政府实行双派单；快速处置、化解矛盾、防范风险。建立与政法、宣传、网信、司法、应急等部门的信息共享和协同联动工作机制，完善应急响应机制，及时回应社会关切。

四、推进精治共治法治，提升综合系统的治理效能

（一）主动治理、未诉先办。推动"接诉即办"从"有一办一、举一反三"向"主动治理、未诉先办"转化，通过一个诉求解决一类问题，通过一个案例带动一片治理。加强市区联动，主动巡查调研，党员干部要主动上门征询群众需求，在成诉前发现问题、解决问题。对群众诉求的高频问题、重点区域，开展专项治理。从"小切口"入手研究复杂疑难问题解决路径，推进专项改革。对市民诉求最集中的治理类街道（乡镇），由市疏解整治促提升专项行动工作办公室推进整改。聚焦"七有""五性"，补齐民生短板，办好民生实事。推广"热线＋网格"服务模式，整合热线、网格工作力量，主动发现问题、解决问题。

（二）依法治理、"即办"有据。强化依法办理、依法解决的理念，提升各级领导干部运用法治思维、法治方式开展群众工作的能力，既充分考虑群众实际困难，又严格在法治框架内解决群众诉求。坚持依法履行职责，厘清政府、市场、社会、个人职责边界，政府提供基本服务，做好普惠性、兜底性工作，对应当由市场、社会、个人解决的诉求，运用市场机制和社会力量，避免过度干预，防止大包大揽。依法推行诉求反映人身份信息实名认证，建立个人和企业信息保护机制。针对"接诉即办"高频反映问题，在进行专项整治的同时，加快补齐法规制度短板。加快推动"接诉即办"立法，修订相关法规规章，形成系统完备的制度体系。

（三）多元治理、共建共管。健全社区管理和服务机制，完善基层矛盾纠纷化解机制，发挥好社区议事厅、小区业主委员会和物业管理委员会等在社区治理中的作用。抓好区域化党建，整合辖区内各类资源，引导中央单位、驻京部队等参与"接诉即办"工作。借鉴"回天有我"社会治理创新模式，调动社会组织、企业等多方力量。发挥人大代表、政协委员、专家学者作用，

动员网格员、街巷长、社区党员等各方面力量，全方位汇集民意诉求。发挥统一战线优势作用，动员支持各民主党派、工商联和无党派人士参与治理。发挥群团组织、社会服务机构、行业协会商会作用，将诉求化解在前端。建立与新闻媒体协同响应机制，依托媒体资源发现问题，共同推动诉求解决。

（四）数据治理、智慧应用。建立群众诉求数据库，实现民意诉求数据全口径汇总。依托大数据平台和目录区块链体系，打通市、区、街道（乡镇）、社区（村）数据通道，构建"接诉即办"数据治理新秩序，实现群众诉求、民生大数据与"城市大脑"融合，赋能城市管理、社会治理、民生保障工作。加强市民服务热线系统平台智能化建设，推进大数据、区块链、云计算、人工智能、语音识别、远程视频、智能辅助等科技手段广泛应用。加强政策咨询知识库建设，实现实时更新、标准统一、智能快捷。

五、保障措施

（一）提高政治站位。各区各部门各单位要深刻认识做好"接诉即办"工作的重要意义，切实把思想统一到市委、市政府决策部署上来，确保"接诉即办"改革深入推进。党政主要负责同志要强化责任落实，创新工作方式方法，因地制宜破解难题，创造具有区域、行业特点的治理经验。

（二）强化队伍建设。建立干部在一线锻炼、业绩在一线考评、选人用人在一线检验的机制，不断提升党员干部的群众工作能力。选派政治过硬、业务熟练、服务意识强的业务骨干负责"接诉即办"工作，承担热点问题、诉求多发街道（乡镇）的督导工作。探索市民服务热线工作人员与街道（乡镇）、社区（村）工作人员交流挂职机制。加大培训力度，将"接诉即办"纳入各级党校（行政学院）培训重要内容。加强街道（乡镇）平台建设，配强基层力量。加强坐席人员选拔管理，强化专业能力培训，适当提高待遇标准。

（三）强化宣传引导。及时总结各单位在"接诉即办"、服务群众工作中的经验做法和典型案例，加大宣传工作力度，对"接诉即办"改革进行案例化、栏目化、视听化传播，引导群众正确认识、合理期待、积极参与。讲好"接诉即办"故事，充分展示首都超大城市基层治理的成效。

（四）强化激励保障。将"接诉即办"考评结果纳入全面从严治党（党建）工作考核、政府绩效考核等范围，将群众诉求办理情况作为干部选拔任用、评先评优的重要参考。围绕群众反映的热点难点问题，加大对解决民生实事类诉求的投入力度。提高对市民服务热线的技术平台、坐席服务等方面的保障水平，为做好"接诉即办"工作提供必要条件。

（五）严格监督问责。加强"接诉即办"专项监督，紧盯责任落实，紧盯"办"的态度、"办"的作风、"办"的标准、"办"的时限、"办"的效果，紧盯群众诉求解决情况，紧盯群众反映的违规违纪违法问题等，进一步提高监督质效。对群众诉求办理中的形式主义、官僚主义，以及不作为、乱作为，违规、违纪、违法等问题纳入监督执纪执法范围，一经发现，坚决查处、严肃追责问责。要进一步发挥媒体监督作用，充分畅通群众监督渠道，构建完善"接诉即办"的社会监督体系。

北京市接诉即办工作条例

《北京市接诉即办工作条例》已由北京市第十五届人民代表大会常务委员会第三十三次会议于 2021 年 9 月 24 日通过，现予公布，自公布之日起施行。

目　录

第一章　总　　则

第一条　为了巩固深化本市党建引领基层治理改革，提升为民服务水平，规范接诉即办工作，根据有关法律、行政法规，结合本市实际，制定本条例。

第二条　本市建立接诉即办制度，围绕"七有""五性"，坚持党建引领"街乡吹哨、部门报到"接诉即办，及时回应人民群众急难愁盼问题，为公众参与社会治理和公共政策制定提供信息渠道和有效途径。

本条例所称接诉即办工作，是指本市对自然人、法人或者其他组织（以下统称诉求人）提出的涉及本行政区域的咨询、求助、投诉、举报、建议等诉求给予快速响应、高效办理、及时反馈和主动治理的为民服务机制。

本市设立 12345 市民服务热线及其网络平台，作为受理诉求人诉求的主渠道；推进除 110、119、120、122 等紧急服务热线以外的政务服务便民热线归并至 12345 市民服务热线。

第三条　接诉即办工作坚持以人民为中心的发展思想，遵循党建引领、改革创新、重心下移、条块联动的原则，建立党委领导、政府负责、民主协商、社会协同、公众参与、法治保障、科技支撑的接诉即办工作体系，推动形成共建共治共享的社会治理格局。

第四条　本市在中共北京市委的统一领导下，建立健全接诉即办领导体系和工作机制，整体谋划、统筹推进接诉即办工作。

第五条　市人民政府应当加强接诉即办工作保障，强化监督检查，督促责任落实；协调解决接诉即办工作中的重大问题，对社会普遍关注的共性问题主动治理。

区人民政府负责本行政区域内接诉即办工作的统筹谋划、督促检查和投入保障，研究办理、协调解决疑难复杂诉求，明确具体协调推进的部门。

市政务服务部门负责接诉即办工作的组织协调，规划建设接诉即办平台，制定接诉即办工作制度、流程和规范，管理市民热线服务工作机构并监督其开展工作。

市民热线服务工作机构负责接诉即办平台的管理、运行、维护，全时段为诉求人提供诉求咨询、接收、查询和反馈服务，承担诉求的转办、交办、督办和数据汇总、分析研判等具体工作。

街道办事处、乡镇人民政府应当发挥基层统筹协调、指挥调度作用，及时办理辖区内的诉求。

市、区政府部门，法律、法规授权的具有管理公共事务职能的组织，承担公共服务职能的企事业单位等应当建立健全工作制度，完善工作机制，依法办理有关诉求。

第六条　市、区人民政府和有关部门应当采取措施、畅通渠道，支持和引导人民团体，行业协会商会、公益慈善、城乡社区服务等社会组织，企事业单位等社会力量和公众参与诉求办理和社会治理。

报刊、广播、电视、网络等新闻媒体应当采取多种形式，开展接诉即办工作以及相关法律法规的宣传普及，引导公众形成正确认识和合理预期，积极、主动发现和反映问题。

第七条　本市对接诉即办工作中作出突出贡献、取得显著成绩的单位和个人，给予表彰、奖励，宣传推广先进经验。

第二章　诉　求　办　理

第八条　诉求人为了维护自身、他人正当权益或者公共利益，可以就经济发展、城市建设、社会管理、公共服务、民生需求等方面的事项提出诉求。

诉求人可以自主选择以语音、文字、图片、视频等形式提出诉求，有权了解诉求办理情况并作出评价。

诉求人提出诉求不受非法干预、压制和打击报复，企业正常生产经营活动不受非法干扰，涉及的个人隐私、个人信息、商业秘密等依法受到保护。

第九条　诉求人应当如实表达诉求，并对诉求内容的真实性负责。

诉求人应当配合诉求办理工作，尊重工作人员，维护工作秩序，客观评价诉求办理情况。

诉求人不得恶意反复拨打或者无正当理由长时间占用市民服务热线及其网络平台资源妨碍他人反映诉求。

第十条　市民热线服务工作机构应当通过语音、文字等形式全面、准确、规范记录诉求提出的时间、诉求事项、联系方式等要素，形成诉求工单。

第十一条　市民热线服务工作机构对咨询类诉求，能够即时答复的，即时答复；不能即时答复的，派单至区人民政府，市、区政府部门，街道办事处、乡镇人民政府，法律、法规授权的具有管理公共事务职能的组织，承担公共服务职能的企事业单位等（以下统称承办单位）答复诉求人。

市民热线服务工作机构对求助、投诉、举报、建议类诉求，属于承办单位职责范围内的，根据职权法定、属地管理、分级负责的原则，按照派单目录，即时派单至承办单位。派单目录由市政务服务部门会同有关单位制定，并动态调整。

属于下列情形的，市民热线服务工作机构按照相应方式分类处理：

（一）应当通过 110、119、120、122 等紧急服务热线处理的紧急事项，即时转至相应专线；

（二）依法应当通过或者已进入诉讼、仲裁、纪检监察、行政复议、政府信息公开等法定途径和已进入信访渠道办理的事项，告知诉求人相应法定渠道；

（三）正在办理或者办理完毕，且诉求人没有新情况、新理由又提出同一诉求事项的，告知诉求人办理进展或者办理结果；

（四）涉及国家秘密、商业秘密、个人隐私的，向诉求人做好解释工作；

（五）超出承办单位职责范围的诉求，告知诉求人通过市场、社会等其他渠道解决，可以交由有关单位履行监督、指导等职责；

（六）违反法律法规、违背公序良俗的，做好劝导、教育工作，告知诉求人应当遵守的相关规定和违法行为的法律后果。

第十二条　市民热线服务工作机构应当按照以下流程派单：

（一）对权责明确、管辖清晰的，直接派单至承办单位；其中，直接派单至街道办事处、乡镇人民政府的，同时送区人民政府督促协调解决；

（二）无法直接派单至具体承办单位，但能够确定诉求所属行政区域的，派单至区人民政府协调办理。区人民政府应当组织相关单位推动诉求解决。

市民热线服务工作机构应当建立健全派单工作机制，完善派单标准和工作规范，提升派单精准度，对疑难复杂诉求可以在派单前进行会商。

承办单位对职责、管辖等有异议的，可以向市民热线服务工作机构提出；市政务服务部门应当建立派单异议审核机制，协调解决派单异议。

第十三条　市民热线服务工作机构实施派单，应当在诉求工单上注明办理时限。

办理时限由市政务服务部门会同有关部门依据相关法律、法规、规章、政策规定和行业标准确定。

第十四条　本市对接诉即办工作实行首接负责制，接到派单的单位不得推诿。

办理诉求涉及其他单位的，首接单位应当牵头协调办理，其他有关单位应当配合，并在规定期限内将办理结果报送至首接单位；不能按期办结的，应当说明理由并报告阶段性工作情况。

提出派单异议的，按照第十二条第三款规定处理。

第十五条　承办单位办理诉求应当遵守下列规定：

（一）及时联系诉求人，听取诉求人意见建议，了解诉求具体情况。

（二）依法履行职责，及时办理诉求；确需依法延长办理时限的，向诉求人说明理由，并通报市民热线服务工作机构；对受客观因素制约暂时无法解决的，向诉求人做好解释工作。

（三）在规定时限内向诉求人和市民热线服务工作机构反馈办理情况。

第十六条　街道、乡镇应当通过党建引领"街乡吹哨、部门报到"工作机制，整合辖区资源，统筹协调、指挥调度各方研究解决相关诉求。

区政府部门及有关单位应当及时响应、履职，按照街道办事处、乡镇人民政府协调调度共同办理相关诉求。

第十七条　居民委员会、村民委员会应当建立健全工作机制，沟通协调，凝聚共识，协助承办单位处理社区（村）范围内的矛盾纠纷，解决公共事务等方面的诉求。

承办单位不得将社区职责清单外的事项交由社区办理，不得将社区协助政府工作的事项交由社区作为主责办理。

第十八条　市、区政府部门应当优化办事流程，提升政务服务效能；及时梳理总结问题，完善制度机制，健全行业规范，组织、协调、监督诉求办理工作。

第十九条　承担公共服务职能的企事业单位应当建立完善公共服务保障和应急处置等工作机制，对涉及水、电、气、热等重点民生领域的诉求提供全天候服务。

第二十条　承办单位对于自身难以协调解决的诉求，可以报请市、区人民政府或者行业主管部门协调解决；市、区人民政府或者行业主管部门应当及时对诉求进行分析研判，提出处理意见，采取必要措施，推动诉求解决。

第二十一条　本市推进京津冀市民服务热线联动和政务服务、便民服务网上通办，对本市异地养老、医疗报销、交通出行等与群众生活密切相关的诉求提供服务。

第二十二条　本市建立在京单位协调联动机制，加大诉求信息沟通和协调解决力度，将诉求人提出的属于在京中央和国家机关、国有企事业单位等职责范围内的诉求，及时向有关单位反映情况，推动诉求办理。

第二十三条　诉求办理时限期满，市民热线服务工作机构应当通过电话、短信、网络等方式对诉求人进行回访，了解诉求办理情况。

第三章　主 动 治 理

第二十四条　本市建立综合分析、定期调度机制。市、区人民政府应当聚焦诉求反映集中的高频次、共性问题，开展重点领域和区域治理；对持续时间长、解决难度大的诉求开展专题研究，制定解决方案，完善政策措施，明确主责单位，市、区、街道（乡镇）三级协同联动，形成条块结合、上下协同的工作合力，集中力量推动问题解决。

第二十五条 承办单位应当采取下列措施，主动发现问题、解决问题：

（一）定期分析诉求办理情况，改进工作薄弱环节；

（二）预判季节性、周期性问题，制定工作预案，做好应对准备；

（三）研究新业态、新领域问题，加强服务指导和监督管理；

（四）积极对接市民、企业和社会组织需求，开展源头治理。

承办单位应当利用新闻媒体资源，及时发现问题，快速响应，推进解决。

第二十六条 街道办事处、乡镇人民政府应当围绕辖区内诉求反映集中的问题，组织居（村）民、企事业单位、社会组织等，运用民主协商机制，推动主动治理。

街道办事处、乡镇人民政府在接诉即办工作中应当充分发挥网格化管理作用，及时发现问题，主动解决问题。

第二十七条 居民委员会、村民委员会应当积极履行基层自治职能，创新工作方法，发挥社区议事会议、业主委员会、物业管理委员会等的作用，及时了解、反映居（村）民需求，组织居（村）民参与社区治理。

第二十八条 市民热线服务工作机构应当对记录诉求办理情况的数据进行全口径汇总，向承办单位推送工单记录、回访评价等全量数据，实现互联互通、信息共享；在保守国家秘密和保护商业秘密、个人隐私的前提下，利用大数据、云计算、人工智能等科技手段，开展数据动态监测，提出分析建议，为科学决策、精准施策提供数据支持。

第二十九条 市民热线服务工作机构在工作中发现可能发生突发事件的情况或者风险，应当即时向政府有关部门报告情况。

第四章 保 障 监 督

第三十条 本市加强接诉即办工作队伍建设，采取分级分类培训、工作指导交流、经验总结推广等措施，提升各有关单位工作人员的政治、法律、业务素质和工作能力。

第三十一条 市政务服务部门建立、运行、管理和维护热线数据库，归集相关法律、法规、规章和政策规定以及业务办事流程等信息，为咨询类诉求答复等提供支撑，并向公众提供查询服务。

承办单位应当为热线数据库的建立、运行、管理和维护提供便利，及时更新涉及本单位、本行业的信息，并向社会公布，为公众提供咨询、查询服务。

第三十二条　本市建立健全接诉即办考评制度，制定考评办法。

考评应当遵循实事求是、客观公正、科学规范、督促与激励相结合的原则，以响应率、解决率、满意率为核心内容，以解决诉求为导向，覆盖诉求接收、派单、办理、主动治理等接诉即办工作全流程，实行分级分类考评。可以委托第三方评估机构参与考评。

制定考评办法、标准和具体事项范围应当听取有关部门、街道办事处、乡镇人民政府等单位和公众意见，根据工作实际动态调整优化，考评结果纳入政府绩效考核。

本市加强对考评结果的综合运用，对开展主动治理、积极解决疑难复杂问题成效显著的给予考评激励。

第三十三条　区人民政府应当建立健全党建引领"街乡吹哨、部门报到"考核机制，对"吹哨"街道（乡镇）和"报到"部门进行双考核。

第三十四条　接诉即办工作接受公众和新闻媒体的监督。

市政务服务部门、市民热线服务工作机构、承办单位应当建立接诉即办工作公开制度，扩大信息公开的内容和范围，完善公众查询渠道，定期向社会公布接诉即办工作情况。

市民热线服务工作机构应当组织政务开放活动，主动听取公众意见建议。

第三十五条　本市各级监察机关应当加强接诉即办专项监督，督促各有关单位依法履职。

各有关单位在接诉即办工作中有下列行为之一的，由其上级机关责令改正；造成不良影响或者后果的，由监察机关或者公职人员任免机关、单位，对负有责任的领导人员和直接责任人员中的公职人员依法给予处分：

（一）对诉求人服务态度恶劣粗暴；

（二）不办理或者逾期办理诉求事项，且不说明正当理由；

（三）不履行或者不正确履行工作职责，有推诿、敷衍、弄虚作假等行为；

（四）泄露国家秘密、商业秘密、个人隐私；

（五）非法干预、压制和打击报复诉求人，非法干扰企业正常生产经营活动；

（六）其他滥用职权、玩忽职守、徇私舞弊行为。

第三十六条　本市建立接诉即办工作容错纠错机制，鼓励工作人员担当作为。

第三十七条　诉求人违反本条例规定，市民热线服务工作机构、承办单位或者其他有关单位应当对诉求人进行劝阻、批评、教育，并告知法律后果。

第五章　附　　则

第三十八条　本条例自公布之日起施行。

参 考 文 献

中文文献

［1］蔡志强. 社会动员论：基于治理现代化的视角［M］. 南京：江苏人民出版社，2015.

［2］陈辉. 新中国成立60年来城市基层治理的结构与变迁［J］. 政治学研究，2010，1：
47-58.

［3］陈家喜，汪永成. 政绩驱动：地方政府创新的动力分析［J］. 政治学研究，2013，1：
50-56.

［4］陈松川，彭磊. 办好群众天大的小事——"接诉即办"有效提升首都基层治理能力
［J］. 前线，2020，5：44-46.

［5］陈文. 城市基层治理亟须破解"碎片化"问题［J］. 国家治理，2020，2：13-17.

［6］陈宇. 基层社会治理的"城市大脑"解决方案［J］. 杭州，2020，5：28-31.

［7］陈伟东，吴恒同. 提高效能和扩大参与：城市基层治理体系创新的两个目标［J］.
社会主义研究，2015，2：107-113.

［8］陈雨田. 基层治理是国家治理的重要一环［N］. 南方日报，2014-04-05（02）.

［9］程同顺，魏莉. 城市基层治理单元转换的逻辑解析［J］. 江苏行政学院学报，2019，
3：100-106.

［10］狄英娜. 社区的"温度"从这里来——上海市用党建引领基层治理的调查［J］. 红
旗文稿，2018，24：12-14.

［11］董娟. 存与废：我国街道办事处改革之争——行政派出模式的一种审视［J］. 西北
工业大学学报（社会科学版），2012，3：9-13.

［12］范逢春，谭淋丹. 城市基层治理70年：从组织化、失组织化到再组织化［J］. 上
海行政学院学报，2019，5：14-23.

［13］龚维斌. 加强和创新基层社会治理［N］. 光明日报，2020-09-18（15）.

［14］光明日报调研组. 新时代"枫桥经验"的"诸暨探索"［N］. 光明日报，2018-08-
10（07）.

［15］韩博天. 中国异乎常规的政策制定过程：不确定情况下反复试验［J］. 开放时代，2009，7：41－48.

［16］何海兵. 上海创新社会治理加强基层建设的新探索［J］. 党政论坛，2016，7：28-31.

［17］黄新华. 基层干部"工具化"倾向的治理之道［J］. 人民论坛，2020，09（下）：49-51.

［18］"街乡吹哨、部门报到"课题组. 探索简约高效的特大城市基层治理体制——北京市"街乡吹哨、部门报到"实践探索研究［J］. 中国机构改革与管理，2019，4：7-8.

［19］金可. 今年全市启动 300 个楼门院治理试点［N］. 北京日报，2020-01-14（10）.

［20］孔繁斌，吴非. 大城市的政府层级关系：基于任务型组织的街道办事处改革分析［J］. 上海行政学院学报，2013，6：39-43.

［21］孔娜娜. "新治理"：新时代城市社区治理的趋势与挑战——以 2011—2018 年全国社区治理与服务创新实验区为分析对象［J］. 社会主义研究，2019，4：121－127.

［22］李娉，杨宏山. 城市基层治理改革的注意力变迁——基于 1998—2019 年北京市政府工作报告的共词分析［J］. 城市问题，2020，3：79-87.

［23］李威利. 从基层重塑政党：改革开放以来城市基层党建形态的发展［J］. 社会主义研究，2019，5：127-134.

［24］李文钊. 新时代群众工作的新范式、超大城市基层治理的新举措、践行人民城市为人民的新机制——"接诉即办"的北京经验［N］. 北京日报，2020-12-21（13）.

［25］李晓燕. 多层治理视角下的基层治理创新锦标赛［J］. 华南理工大学学报（社会科学版），2020，5：124-132.

［26］李秀琴，王今华. 当代中国基层政权建设［M］，北京：中国社会出版社，1995.

［27］李友梅. 全面建设小康社会与社区党建创新——以迈向现代化国际大都市的上海城市基层社区为例［J］. 毛泽东邓小平理论研究，2003，1：78-82.

［28］林尚立. 国内政府间关系［M］. 杭州：浙江人民出版社，1998.

［29］林尚立. 中国之理：党的先进性决定中国发展前途［J］. 江苏行政学院学报，2012，6：71-78.

［30］林尚立. 从基层组织中开掘党建资源［J］. 探索与争鸣建，2002，7：25-26.

［31］刘凤，傅利平，孙兆辉. 重心下移如何提升治理效能——基于城市基层治理结构调

试的多案例研究［J］. 公共管理学报，2019，4：24-35 + 169-170.

［32］刘建军. 单位中国：社会调控体系重构中的个人、组织与国家［M］. 天津：天津人民出版社，2000.

［33］刘靖北. 构建党建引领的城市基层治理体［N］. 文汇报，2018-12-02（05）.

［34］柳建文. 基层治理网格化的创新完善与未来走向［J］. 国家治理，2020，29：16-21.

［35］马超，金炜玲，孟天广. 基于政务热线的基层治理新模式——以北京市"接诉即办"改革为例［J］. 北京行政学院学报，2020，5：39-47.

［36］毛泽东文集（第七卷）［M］. 北京：人民出版社，1999.

［37］毛泽东选集（第3卷）［M］. 北京：人民出版社，1991.

［38］孟建柱. 加强和创新群众工作为全面建成小康社会创造和谐稳定的社会环境——纪念毛泽东同志批示"枫桥经验"50周年［N］. 人民法院，2013-11-04（01）.

［39］孟天广，黄种滨，张小劲. 政务热线驱动的超大城市社会治理创新——以北京市"接诉即办"改革为例［J］. 公共管理学报，2021，2：1-12 + 164.

［40］苗延义. 能力取向的"行政化"：基层行政性与自治性关系再认识［J］. 社会主义研究，2020，1：84-92.

［41］民政部、中央组织部关于进一步开展社区减负工作的通知［N/OL］，http://www.gov.cn/xinwen/2015-07/24/content_2902338.htm.

［42］倪明胜. 以"全周期管理"重塑基层治理格局［N］. 光明日报，2020-03-31（02）.

［43］彭勃. 智能技术赋能基层治理：新问题与新机遇［J］. 国家治理，2020，2：25-29.

［44］祁文博. 网格化社会治理：理论逻辑、运行机制与风险规避［J］. 北京社会科学，2020，1：119-128.

［45］容志. 推动城市治理重心下移：历史逻辑、辩证关系与实施路径［J］. 上海行政学院学报，2018，4：49-58.

［46］容志，刘伟. 街道体制改革与基层治理创新：历史逻辑和改革方略的思考［J］. 南京社会科学，2019，12：74-81.

［47］饶常林，常健. 我国城市街道办事处管理体制变迁与制度完善［J］. 中国行政管理，2011，2：85-86.

［48］桑玉成. 着力构建基层社会治理新格局［N］. 人民日报，2020-02-13（9）.

［49］师林，孔德永. 制度－效能：基层党建引领社区治理的创新实践——以天津市"战

区制、主官上、权下放"模式为例 [J]. 中共天津市委党校学报, 2020, 1: 16-24.

[50] 石发勇. "准公民社区": 中国城市基层治理的一个替代模型 [J]. 社会科学, 2013, 4: 59-70.

[51] 石伟. 找回"米提斯": 网格化治理中的技术理性与场域耦合 [J]. 宁夏社会科学, 2020, 3: 147-155.

[52] 孙柏瑛, 张继颖. 解决问题驱动的基层政府治理改革逻辑——北京市"吹哨报到"机制观察 [J]. 中国行政管理, 2019, 4: 72—78.

[53] 唐文玉. 从单位制党建到区域化党建——区域化党建的生成逻辑与理论内涵 [J]. 浙江社会科学, 2014, 4: 47-156.

[54] 唐亚林. 新中国成立以来中国共产党领导的制度优势与成功之道 [J]. 复旦学报 (社会科学版), 2019, 5: 10-22.

[55] 唐亚林, 刘伟. 权责清单制度: 建构现代政府的中国方案 [J]. 学术界, 2016, 12: 32-44.

[56] 童星, 赵夕荣. "社区"及其相关概念辨析 [J]. 南京大学学报 (哲学人文科学社会科学), 2006, 2: 67-74.

[57] 汪玉凯. 推进基层治理方式创新 [N]. 人民日报, 2016-09-06 (14).

[58] 王保彦, 邸晓星. "互联网＋党建"精准服务群众研究——以天津红桥区"微实事工作室"为例 [J]. 中共天津市委党校学报, 2019, 2: 20-27.

[59] 王德福. 催化合作与优化协作: 党建引领社区治理现代化的实现机制 [J]. 云南行政学院学报, 2019, 3: 13-20.

[60] 王刚, 赵思芳. 从网格化到路长制: 城市基层治理精细化中的制度超越与模式创新 [J]. 河南社会科学, 2020, 8: 92-98.

[61] 王汉生, 吴莹. 基层社会中"看得见"与"看不见"的国家——发生在一个商品房小区中的几个"故事"[J]. 社会学研究, 2011, 1: 63-95.

[62] 王清. 通过项目进行动员: 基层治理的策略与影响 [J]. 四川大学学报 (哲学社会科学版), 2020, 5: 176-184.

[63] 王运宝. 街道办的 55 年 [J]. 决策, 2011, 10: 36-39.

[64] 吴非, 笪素林. 城市街道办事处职能定位及其体制改革: 基于任务型组织的分析 [J]. 南京工业大学学报 (社会科学版), 2013, 2: 101-105.

[65] 吴结兵. 网格化管理的实践成效与发展方向 [J]. 人民论坛, 2020, 10 (中):

22-24.

［66］吴军. 城市基层社会治理框架构建初探——基于对北京市党建引领"吹哨报到"改革的观察［J］. 中国名城，2019，12：4-10.

［67］徐选国，吴柏钧. 城市基层治理的社会化机制——以深圳市 Z 街"网格化管理社会化服务"项目为例［J］. 浙江工商大学学报，2018，2：122-131.

［68］杨弘. 新时代推进中国基层治理现代化的着力点［N］. 光明日报，2018-02-08（15）.

［69］杨军剑. 城市社区治理效能的整体提升及优化路径探析［J］. 学习论坛，2019，8：85-89.

［70］杨燮蛟. 转型期社会矛盾纠纷多元化解决机制研究——以浙江"枫桥经验"为视点［J］. 西南农业大学学报（社会科学版），2010，5：74-79.

［71］叶本乾，万芹. 新时代党建引领城市社区治理的逻辑契合和路径选择［J］. 党政研究，2018：39-45.

［72］叶辉，孙陈超. 诸暨市形成"枫桥式"调解体系［N］. 光明日报，2011-08-28（02）.

［73］叶敏，王阳. 城市基层治理生态：恶化机理及修复路径——基于国家与社会双向共时性转型的思考［J］. 地方治理研究，2017，1：52-63.

［74］应勇. 城市精细化管理要着力法治化［N］. 人民日报，2017-07-21（05）.

［75］郁建兴. 数字化让城市更智慧［N］. 人民日报，2021-03-26（14）.

［76］袁方成，罗家为. 十八大以来城乡基层治理的新方向、新格局与新路径［J］. 社会主义研究，2016，1：8-17.

［77］岳金柱，武剑，董欣，等. 新时代北京社会动员的总体思路［J］. 社会治理，2019，8：73-79.

［78］张超. 中共在城市社区的调适：西方学者的视野［J］. 国外理论动态，2015，3：82-88.

［79］张福磊，曹现强. 城市基层社会"技术治理"的运作逻辑及其限度［J］. 世界社会主义，2019，3：87-88.

［80］张静. 中国基层社会治理为何失效？［J］. 文化纵横，2016，5：30-34.

［81］张振，陆卫明. 城市基层党建创新的空间逻辑与党组织组织力的提升——基于全国城市基层党建创新案例的分析［J］. 北京行政学院学报，2020，6：40-49.

［82］赵聚军，王智睿. 社会整合与"条块"整合：新时代城市社区党建的双重逻辑［J］.

政治学研究，2020，4：95.

［83］郑长忠．社区共同体建设的政党逻辑：理论、问题与对策［J］．上海行政学院学报，2009，5：62-69.

［84］郑长忠，杨景明．社会转型与城市基层治理形态演进——以上海市静安区临汾路街道的实践为例［M］，上海：复旦大学出版社，2018.

［85］中共北京市朝阳区委组织部课题．党领导基层社会治理的新路径——北京市"街道吹哨，部门报道"改革的理论、实践与对策［J］．北京党史，2019，5：28-34.

［86］中共北京市委、北京市人民政府关于城市精细化管理工作的意见［N］．北京日报，2019-01-31（03）.

［87］中共北京市委、北京市人民政府关于加强新时代街道工作的意见［N］．北京日报，2019-02-27（01）.

［88］中共中央关于全面深化改革若干重大问题的决定［N］．人民日报，2013-11-16（01）.

［89］中共中央印发《关于加强社会主义协商民主建设的意见》［N］．人民日报，2015-02-10（01）.

［90］中共中央　国务院关于进一步加强城市规划建设管理工作的若干意见［N］．人民日报，2016-02-22（06）.

［91］中共中央　国务院关于加强和完善城乡社区治理的意见［N］．人民日报，2017-06-13（01）.

［92］中共中央关于深化党和国家机构改革的决定［N］．人民日报，2018-03-05（01）.

［93］关于加强和改进城市基层党的建设工作的意见［N］．人民日报，2019-05-09（04）.

［94］中共中央关于制定国民经济和社会发展第十四个五年规划和二〇三五年远景目标的建议［N］．人民日报，2020-11-04（01）.

［95］周少来．借政务电子化、管理电子化实现"华丽转身"——警惕电子化的形式主义官僚主义［N］．北京日报，2020-11-02（10）.

［96］周振超．条块关系的变迁及影响机制——基于政府职责的视角［J］．学术界，2020，5：24-31.

［97］周振超，宋胜利．治理重心下移视野中街道办事处的转型及其路径［J］．理论探讨，2019，2：18-24.

［98］朱竞若、贺勇、王昊男．接诉即办，牵引超大城市基层治理创新——北京走好新时

代群众路线纪实 [N]. 人民日报, 2019-12-24 (10).

[99] 祝灵君. 党领导基层社会治理的基本逻辑研究 [J]. 中共中央党校（国家行政学院）学报, 2020, 4: 37-45.

[100] 刘金英. "互联网＋"背景下我国城市社区治理创新研究——评《社区治理的逻辑: 城市社区营造的实践创新与理论模式》[J]. 广东财经大学学报, 2021, 2: 117-118.

[101] 房亚明. "全过程民主"视域下城市社区自主治理的机制建构 [J]. 湖北社会科学, 2020, 2: 31-39.

[102] 夏志强, 谭毅. 城市治理体系和治理能力建设的基本逻辑 [J]. 上海行政学院学报, 2017, 5: 11-20.

[103] 苏爱萍. 从传统城市基层治理到现代城镇化社区发展: 70 年的变迁与启示 [J]. 山东社会科学, 2019, 11: 19-25.

[104] 焦永利, 史晨. 从数字化城市管理到智慧化城市治理: 城市治理范式变革的中国路径研究 [J]. 福建论坛（人文社会科学版）, 2020, 11: 37-48.

[105] 汪善翔. 党建引领城市小区治理的创新实践——基于舟山市"兼合式"党组织建设的案例 [J]. 地方治理研究, 2021, 4: 44-55 ＋ 78-79.

[106] 曹海军. 党建引领下的社区治理和服务创新 [J]. 政治学研究, 2018, 1: 95-98.

[107] 王飐, 陈豫. 海南黎族青年社会组织参与基层社会治理研究 [J]. 中国青年社会科学, 2018, 6: 38-43.

[108] 陈水生. 迈向数字时代的城市智慧治理: 内在理路与转型路径 [J]. 上海行政学院学报, 2021, 5: 48-57.

[109] 邓泉洋, 费梅苹. 属地贤人: 城市基层社会治理能力建设的主体发现——以上海市 X 区基层社会矛盾化解为例 [J]. 华东理工大学学报（社会科学版）, 2019, 3: 35-42.

[110] 李德刚, 谈小燕. 吸引青年在社区治理中当主角 [J]. 前线, 2021, 9: 76-78.

[111] 刘锋. 以"全周期管理"思维破解基层治理困局 [J]. 领导科学, 2020, 16: 30-33.

[112] 邓念国. 整体智治: 城市基层数字治理的理论逻辑与运行机制——基于杭州市 S 镇的考察 [J]. 理论与改革, 2021, 4: 58-69 ＋ 155-156.

[113] 付高生. 中国共产党城市工作的百年历程与宝贵经验 [J]. 湖南农业大学学报（社

会科学版），2021，4：8-15.

［114］孙涛，韩清颖. 我国城市社区"网格化管理"建设：国家治理现代化在基层的创新——以广州市越秀区为例［J］. 华东经济管理，2019，5：5-11.

［115］叶敏. 城市基层治理的条块协调：正式政治与非正式政治——来自上海的城市管理经验［J］. 公共管理学报，2016，2：128-140＋159.

［116］刘凤，傅利平，孙兆辉. 重心下移如何提升治理效能？——基于城市基层治理结构调适的多案例研究［J］. 公共管理学报，2019，4：24-35＋169-170.

英文文献：

［1］HANSER A. Street Politics: Street Vendors and Urban Governance in China [J]. The China Quarterly, 2016, 226(2): 363-382.

［2］DICKSON B J, LANDRY P F, SHEN M M. Public Goods and Regime Support in Urban China [J]. The China Quarterly, 2016, 228(4): 859-880.

［3］Benjamin R. Roots of State: Neighborhood Organization in Beijing and Taipei [M]. Stanford University Press, 2012.

［4］Bovaird T. Beyond Engagement and Participation: User and Community Coproduction of Public Services[J]. Public Administration Review, 2007, 67(5): 846-860.

［5］LIU C R. Social Changes and Neighborhood Policy in Shanghai[J]. Policy and Society, 2006, 25(1): 133-155.

［6］Connelly S. Constructing Legitimacy in the New Community Governance[J]. Urban Studies, 2011, 48(5): 929-946.

［7］Courtney, Richard A. Network governance in the heritage ecology[J]. Journal of Management & Governance, 2018, 22 (3): 689-705.

［8］GAO H, TYSON A. Administrative Reform and the Transfer of Authority to Social Organizations in China [J]. The China Quarterly, 2017, 232(4): 1050-1069.

［9］Teets J. Let Many Civil Societies Bloom: The Rise of Consultative Authoritarianism in China[J]. The China Quarterly, 2013, 213(1): 19-38.

［10］DERLETH J, KOLDYK D R. The Shequ Experiment: Grassroots Political Reform in Urban China [J]. Journal of Contemporary China, 2004, 13(41): 747-777.

［11］Kojimma K, Kokubun R. The "Shequ Construction" Programme and the Chinese Communist

Party. Kjeld Erik Brodsgaard and Zheng Yongnian eds., Bring the Party back in: How China is Governed?. Singapore: Eastern Universities Press, 2004: 226–232.

[12] Lance G. The Chinese Communist Party and China's Capitalist Revolution: The Political Impact of Market. New York: Routledge, 2011: 114—116.

[13] Patricia M. Thornto. The Advance of the Party: Transformation or Takeover of Urban Grassroots Society? [J]. The China Quarterly, 2013, 213: 1–18.

[14] Pierre J, Peters G B. Governance, Politics and the State, London: Macmillian, 2000.

[15] Purdue D. Neighbourhood Governance: Leadership, Trust and Social Capital. Urban studies, 2001, 38(12): 2211–2224.

[16] Shearing C, Wood J. Nodal Governance, Democracy, and the New "Denizens" [J]. Journal of Law and Society, 2003, 3: 400–419.

[17] Rinaudo, Jean–Daniel, Donoso, Guillermo. State, market or community failure? Untangling the determinants of groundwater depletion in Copiapó (Chile) [J]. International Journal of Water Resources Development, 2019, 35 (2): 283–304.

[18] Wang Z X, Jianxiong Liu and Dragan. Democratic Localism: The Case of Grassroots Self–Governance in Urban China [J]. Chinese Political Science Review, 2018, 3(2): 129–153.

后 记

一般都用"郡县治，天下安"这句话，来强调县域治理对国家安定的基础性和重要性。在写作这本书的过程中，才更真切地体会到这句话的完整含义。那就是在"皇权不下县"的封建时代，它更深切的内涵应该是提醒历代统治者要关注最底层的基层治理。基层治理事虽细微，但直接与老百姓的生活息息相关，就像国家这棵大树深扎到社会土壤中的根须，对一个国家的长治久安具有难以想象的极端重要性，这也使我再次从内心感悟到自己选择城市基层治理进行研究是一种偶然中的必然。同时，需要特别指出的是，在我们当前生活的现代城市社会，特别是超大型城市基层社会，不仅结构越来越复杂而且需求越来越多元、变化也十分迅速，这就使超大型城市基层治理比一般的城市基层治理更增加了前沿性的特征，从而担负起在更深层次为城市治理进行实验探索的创新任务，这也是本书强调创新的原因所在。

《新时代城市基层治理体系建设与创新》这本书，是在我承担的北京市社会科学基金项目最终成果的基础上修改而成的。这一研究本来并不在我城市公共管理与政策研究系列的规划之中，与《西方城市管理：历史、理论与政策》《中国古代城市治理体系研究》和《中国共产党城市管理思想研究》这三部曲的宏大规划相比，从结构和篇幅上来看也确实只能算是一本小书，但对我所从事的城市公共管理与政策研究事业来说，它却具有着不容小觑的重要意义。这个项目主要源于在近年来写作《西方城市管理：历史、理论与政策》和《中国古代城市治理体系研究》这两本书时，更系统地学习与了解了城市管理的知识体系，并结合我国城市治理的发展进行了一系列思考。顺着"明德为公"的思路，也自然就对所生活的北京市城市治理问题发生了兴趣，并在一些刊物发表了相关的文章。这些文章在业界产生了一定的影响，使我有机会参与到一些政策活动中去，又进一步激发我深入研究北京的城市治理现实问题的兴趣，特别是希望形成一个更加完整的认识，于是就申请了这一课题。虽然对这一课题的研究在时间上确实打乱了我的研究计划，使我在心底一度有那么一点小懊恼，但事实证明它却给我打开了城市研究中的另一扇窗户，在我习惯用望远镜观察城市治理宏观结构的同时，又给我配上了体察城市基层治理微观动态的显微镜，为我补齐了研究中的短板，使我的城市治理研究确实能做到"上顶天，下立地"，更具有体系性，也使我再次感受到了枯燥的学术研究带来的又一个小惊喜。

正如前述，这本书从篇幅上并不算大，但由于当时并没有关于基层治理体系的规范研究，以及个人生活所遭遇到的不可抗力，所以撰写过程并不顺利，断断续续持续了近两年的时间。在此过程中，相关领导、朋友和家人的关爱和支持使我最终完成了这项工作。因此，要向我所在的北京建筑大学城市经济与管理学院的赵海云书记、孙成双院长、张丽副院长、王丹副院长的大力支持表示由衷感谢，还要感谢为课题提供宝贵意见的华北电力大学马克思主义学院王伟教授、清华大学公共管理学院蓝煜欣副教授、北京工业大学马克思主义学院阚和庆副教授、北京市民政局尹长生调研员、北京建筑大学杨兴坤副教授，课题组成员彭磊副研究员、应琛副教授、肖洋老师等为课题的顺利完成付出了辛勤劳动。当然，还要感谢我最亲爱的博 07 班同学们，关键时刻你们给予我的家人般的无私支持，永远是我人生之路上的最坚实后盾。我的研究生王金行在后期所做的文本修改、内容完善也使本书增色不少。最后，要感谢本书的责任编辑牛松、李璇等老师的专业工作。另外，囿于个人能力和专业水平的限制，本书还存在诸多不足之处，烦请读者们批评指教！

陈松川

2022 年 10 月

于北京清华园